Roman Mensing

Nikolaus von Myra

PATMOS

Vom gleichen Verfasser ist im Verlag Editions du Signe, Strasbourg, die Veröffentlichung erschienen: Nikolaus von Myra. Der Mann hinter dem Weihnachtsmann.

Die Deutsche Bibliothek – CIP-Einheitsaufnahme

Mensing, Roman: Nikolaus von Myra / Roman Mensing. – Düsseldorf: Patmos Verl., 2001
ISBN 3-491-70343-3

Umschlagabbildung: Nikolausikone, Anfang 14. Jh., Tretjakov-Galerie, Moskau.
Satz und Layout: Thomas Brink, Mönchengladbach
Druck und Verarbeitung: Grafo s.a., E-Basauri
ISBN 3-491-70343-3

Inhalt

Nikolausikone, datiert 1295. Kunsthistorisches Museum, Nowgorod, Rußland.

Mythos, Legenden und Geschichte

„Stirbt Gott, haben wir noch den heiligen Nikolaus", sagt ein altrussisches Sprichwort. Solche Bedeutung hatte Nikolaus von Myra im alten Rußland und solches Vertrauen setzte man in ihn. Zuweilen gerieten den Menschen zwar die neuen christlichen Lehren und alte heidnische Anschauungen ein wenig durcheinander, und der Bischof von Myra wurde ihnen zu einer mythischen Gestalt. Das ist heute nicht viel anders. Die Mythen von „Santa", „Väterchen Frost" und „Weihnachtsmann" verbergen den historischen Nikolaus und halten ihn doch zugleich gegenwärtig.

Die bunte Hülle des christlichen Heiligen teilen sich Werbefachleute und Verkaufsstrategen. Sie stutzen sein Gewand modisch zurecht zu Weihnachtsmännern, Kaminentsteigenden Santas, Pin-ups in roten Bademänteln mit weißem Pelzbesatz und in den gleichen Farben auftretenden Fabelwesen. Man verdient gut an Mythen, die man selbst nicht schaffen kann, die sich aber als äußerst zählebig erweisen. Was dabei an historischem Inhalt verloren geht, betrifft eher die Christen als die Werbewirtschaft. Was also haben wir an ihm, dem Mann, der hinter dem modernen Mythos fast unsichtbar wird?

Die Nikolausgeschichten, alte Legenden, die hier nacherzählt werden, sprechen von einem Mann, der seit Jahrhunderten bei zahllosen Menschen besonderes Vertrauen genießt. Zu seinen Lebzeiten hat man auf der Straße von ihm gesprochen, so, wie man auf der Straße und in der Kneipe über Leute redet. In unsere Situation und Alltagssprache übertragen könnte das, was man sich im 4. Jahrhundert in Myra erzählte, etwa so lauten: Der Typ ist echt gut. Der hat den totalen Durchblick. Der weiß, was Sache ist. Wenn du den anhaust, der läßt dich nicht hängen. Ehrlich, der macht keine Unterschiede.

Im Mittelalter ist dieser Mann zum Schutzpatron und Nothelfer für Verurteilte und Gefangene geworden, für junge Frauen, für Kinder, Schüler und Studenten, für Kaufleute und Seefahrer, für Getreidehändler und Bäcker und eigentlich alle, die in Not gerieten. Selbst die Diebe fühlten sich von ihm verstanden. Die Umstände der alten Legenden über ihn sind merkwürdig modern. Die Katastrophen und Notfälle, von denen sie berichten, könnten aus der Zeitung von heute stammen. Erstaunlich dagegen und zuweilen wunderbar gehen die Geschichten aus, als spielten sie doch nicht in unserer Welt. Das bekommt jeder Leser zu spüren. Die einen zucken die Achseln, manche empfinden Ärger über die Unwirklichkeit, andere ein Gefühl der Hoffnung, das in ihnen aufsteigt.

Nikolaus wird zum Bischof von Myra gewählt.

Bronzerelief von Fritz Fleer am Portal der neuen evang. Kirche St. Nicolai, Hamburg.

Merkwürdig ist die Wirkungsgeschichte dieses antiken Bischofs. Nikolaus von Myra hat beide große Kirchenspaltungen überstanden: Das Schisma von 1054 hat die Kaufleute von Bari nicht gehindert, Nikolaus weiterhin so hoch zu schätzen, daß sie 1087 glaubten, seine Gebeine aus dem von muslimischen Überfällen bedrohten Myra bergen zu müssen und ihm in ihrer Stadt eine Basilika zu bauen. Die Orthodoxen Kirchen haben ihren entführten Heiligen nicht vergessen. Die Reformatoren sahen sich im 16. Jahrhundert zwar veranlaßt, die Heiligenverehrung einzuschränken und die Anrufungen um Fürsprache ganz zu untersagen, der Nikolausverehrung konnte dies aber wenig anhaben. Das Geschenkebringen mußte in Deutschland das Christkind übernehmen. Aber Nikolaus behielt seinen Sack und füllte weiterhin nächtens die Strümpfe der Kinder, ohne nach Konfession und Glauben zu fragen. Zahlreiche evangelische Nikolai-Kirchen von Hamburg bis Leipzig und darüber hinaus bezeugen noch immer, daß Nikolaus auch die abendländische Glaubensspaltung überstand. Vielleicht kann man sagen: Nikolaus war ein Mann, der andere mit seiner Hoffnung ansteckte – bis heute.

Die historischen Spuren seines Lebens scheinen zwar auf den ersten Blick spärlich, aber man kann ihnen nachgehen und entdeckt Erstaunliches. Eine Reise in Nikolaus' kleinasiatische Heimat ist dank moderner Tourismuslinien erschwinglich und bringt nicht nur Steine zum Reden. Die Nachfrage bei Binnenschiffern, Schulen und Nikolausgemeinden führt zu verborgenen Traditionen und unerwarteten Initiativen.

Vitenbilder aus einer nordrussischen Ikone des 15. Jhs. (vgl. S. 86)

Oben: Nikolaus' Geburt und Wannenwunder.
Mitte: Nikolaus wird von seinen Eltern zur Taufe getragen.
Unten: Nikolaus wird von seinem Vater zum Unterricht gebracht.

Mythos *(griechisch = Rede, Wort, Erzählung, auch erdichtete Erzählung).* Die in frühen Religionen erzählten und kultisch gefeierten Mythen sind Versuche, die nicht verfügbare Welt zu deuten und sich ihrer zu bemächtigen. Auch das Woher und Wohin von Menschen und Göttern wird mythisch ergründet. Mythen sprechen von der „Urzeit" und vom „Grund" der realen Welt in zeitlos erscheinender Gegenwart. Die antiken Mythen sind nur in literarisch gestalteten Texten zugänglich.

In neuerer Zeit (G. Sorel) werden auch die politischen Massenbewegungen zugrundeliegenden Visionen wie die „Weltrevolution" oder die Rede von „Blut und Boden" als Mythen bezeichnet. Solche politische Mythen verlangen Glauben. Die ihnen entsprechenden Ideologien sind dagegen Versuche der Rationalisierung durch „wissenschaftliche" Begründung.

L. Kolakowski weitet den Begriff noch einmal aus, indem er den Mythos als ein für eine humane Menschenwelt notwendiges Gegengewicht gegen die bare Rationalität kennzeichnet. „Die Vererbung der Mythen ist die Vererbung von Werten, die der Mythos oktroyiert." In diesem Sinn von „Gegenwärtigkeit des Mythos" zu sprechen, bedeutet, gesellschaftliche Phänomene jenseits technischer Rationalität wahrzunehmen und als Ausdruck menschlicher Sehnsucht und Unruhe auf ein unerreichtes Ganzes hin zu deuten. In solchem Rahmen erscheint der Mythos vom Weihnachtsmann als eine Verzweiflung abwehrende Vision von ewiger Wiederkehr freundlicher Wärme in winterlich dunkler Welt.

Im Gegensatz zu solchen Phantasiegestalten hat christlicher Offenbarungsglaube sich stets auf die historische Person des Jesus von Nazareth bezogen, ohne allerdings zur Verkündigung seiner Hoffnung auf mythologische Redeweise verzichten zu können, auf die auch Theologie angewiesen ist, wenn sie Menschen anspricht auf das, was sie unbedingt angeht. Die darin liegende Problematik zeigt die Wirkungsgeschichte des historischen Bischofs Nikolaus von Myra, wenn die Gestalt sich immer wieder von der geschichtlichen Person löst, die ursprünglichen Legenden hinter sich läßt und in volkstümlichen Bildern und mythischen Szenen zu wuchern beginnt.

Verwehte Spuren und sprechende Steine

Ein Mann mit dem Namen des Sieges

Für einen Bischof der Spätantike ist es außerordentlich dürftig, was an historischen Nachrichten über Nikolaus von Myra auf uns gekommen ist. Er selbst hat nichts Schriftliches hinterlassen. Aus seiner Zeit gibt es auch keine schriftlichen Dokumente über ihn. Bilder sind erst recht nicht erhalten, haben vielleicht nie existiert. Der älteste erhaltene Bericht über sein Leben und Wirken ist erst etwa zweihundert Jahre nach seinem Tode geschrieben. Aus dieser Quelle ist mit einiger Sicherheit zu erschließen, daß Nikolaus im 4. Jahrhundert, in der Zeit des Kaisers Konstantin Bischof war. Er wurde um 270 geboren und ist vor 340 in Myra gestorben.

Sein Geburtsort ist der Quelle zufolge Patara, eine antike Hafenstadt an der Südküste Kleinasiens, im westlichen Teil der römischen Provinz Lykien. Türkeiurlaubern und Umweltschützern ist der heutige Ferienort Patara vielleicht wegen des einzigartigen Schildkrötenstrandes dort bekannt.

Nikolaus' griechischer Name, Nikolaos, auf deutsch: Sieg des Volkes (Gottes), ist ein Programm. Dieser in der Antike äußerst seltene Name macht es wahrscheinlich, daß seine Eltern bereits Christen waren und erinnern an ein entscheidendes Ereignis: das Ende der römischen Christenverfolgungen und den Beginn der öffentlichen Anerkennung der christlichen Religion.

Bischof Nikolaus von Myra, nordrussische Ikone des 15. Jhs.

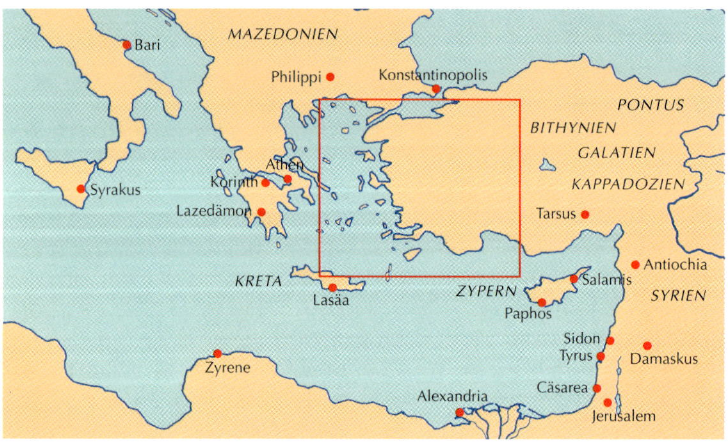

Pinara, griechisches Theater.

Der programmatische Name entspricht auch der Verbreitung des Christentums in Lykien um die Wende zum 4. Jahrhundert und der Zuversicht der Christen dort, noch vor dem berühmten Duldungserlaß Konstantins im Jahre 313. Als dessen Vorgänger, Kaiser Diokletian, im Jahre 303, nachdem die Christen fast fünfzig Jahre unbehelligt geblieben waren, gesetzlich gegen sie vorzugehen versuchte, taten sich seine Beamten, die zur Durchführung der neuen Gesetze nach Lykien gekommen waren, schwer mit ihrer Aufgabe. Die Christen waren nicht nur zahlreicher als vermutet, auch ein beträchtlicher Teil der dortigen Verwaltungsbeamten gehörte bereits dem Christentum an.

Nikolaus war der Überlieferung nach Bischof von Myra. Von seiner Bedeutung erzählen die späteren Legenden, aber sie ist auch aus einem interessanten historischen Faktum zu erschließen. Nikolaus starb der Überlieferung nach am 6. Dezember. Dieser Tag wurde für Jahrhunderte zum Datum, an dem sich die Bischofe der Provinz zur jährlichen Beratung in einer Synode an seinem Grab versammelten. An seinem Todestag feierte die Bevölkerung das Rosalienfest, ursprünglich eine heidnische Feier,

Patara. Triumphbogen, erbaut 100 n. Chr. durch den römischen Gouverneur Mettius Modestus.

bei der Rosen zu Ehren der Göttin Artemis geopfert wurden. In einer Prozession brachten nun die Christen Rosen, Symbole seiner guten Taten, zum Nikolausgrab. Dort feierte man mit einem Festmahl.

Durch die Arbeit der Historiker hat sich noch ein weiterer merkwürdiger Beleg für das Ansehen des Bischofs aus ältester Zeit ergeben. Im 4. Jahrhundert hatte sich in christlichen Familien der Brauch entwickelt, Kindern den Namen bekannter Heiliger zu geben. Der bei weitem beliebteste Vorname bei den Christen im 5. Jahrhundert in Lykien war Nikolaus, wie in einer statistischen Untersuchung nachgewiesen werden konnte. Damit wurde eine Spur freigelegt, die nicht nur hundert Jahre näher an die historische Gestalt heranführt, sondern die auch ahnen läßt, was Nikolaus den Christen seines Bistums und der gesamten Provinz bedeutet hat.

Andriake. Vor dem versandeten antiken Hafen gibt es heute einen kleinen Hafen für den Touristenverkehr zu den vorgelagerten Inseln.

Patara. Ruinen einer byzantinischen Kirche.

Andriake, Nymphäum. Antikes Brunnenhaus am Rande des Hafens, ursprünglich Heiligtum der Nymphen, die als Quellgottheiten galten.

Andriake, der antike Hafen Myras liegt etwa 4,5 km südwestlich in einer geschützten Bucht an der Mündung des kurzen, wasserreichen Androkos. Zum Meer hin konnte das Hafenbecken mit einer Kette abgesperrt werden. Hafen und Straße nach Myra waren durch Wachttürme gesichert. Ein eigener Markt, die breite Hafenstraße und Ruinen bis zu 30 m langer Lagerhäuser lassen die Bedeutung des Hafens in griechischer und hellenistischer Zeit erkennen. Archäologen haben Reste einer Mühle und ein Nymphenheiligtum nachgewiesen. Die Weltoffenheit des Hafens belegt eine Weiheinschrift für die ägyptische Göttin Isis. In römischer und byzantinischer Zeit diente Andriake als militärische Nachschubbasis. Kaiser Hadrian (117–138 n. Chr.) und Kaiserin Sabina besuchten die Stadt im Jahre 129 n. Chr. und weihten einen noch heute weitgehend erhaltenen Getreidespeicher (horrea Hadriani) ein. Eine Inschrift über die gesamte Länge des Gebäudes hin weist den Kaiser als Erbauer aus. Mit acht Lagerräumen auf insgesamt 65 x 32 m Grundfläche diente der Speicher zur Aufnahme des zum Export bestimmten Getreides. An der gesamten Südküste Kleinasiens gab es nur noch in Patara einen ähnlich großen Speicher. Die Reliefdarstellung eines Rundschildes mit zwei gekreuzten Lanzen weist das Gebäude in Andriake als militärische Anlage aus. So dienten beide Großspeicher wahrscheinlich nicht nur zur Lagerung des Exportgetreides, sondern als Umschlagplatz und Nachschubbasis für die Feldzüge im vorderen Orient. Andriake behielt lange seine Bedeutung. Noch 388 n. Chr., unter Kaiser Theodosius (384–395), hatte Tatianus, der Leiter der Rechtsverwaltung des Ostens, von hier aus die kaiserlichen Standardmaße für ganz Lykien weiterzugeben.

Der antike Hafen von Andriake ist versandet, die Stadt verlassen. Am Meer hat sich eine kleine Werft angesiedelt, die Holzkähne für die Küstenschiffahrt baut.

Myra, heute *Demre* (zusammengezogen aus ta Myra), Ortsteil der Stadt Kale, von Plinius, Strabo und anderen antiken Autoren beschrieben, gilt als älteste Stadt Lykiens. Inschriften in lykischer Sprache belegen die frühe Besiedlung des Ortes. Mindestens seit dem 4. Jh. v. Chr. prägte Myra eigene Münzen. Ruinen einer Akropolis, auf einem nach Süden in die Flußebene des Myron hineinragenden Ausläufer des umschließenden Bergmassivs gelegen, machen die strategisch beherrschende Position der antiken Stadt offensichtlich. Festungsmauern aus dem 5. Jh. v. Chr., bis in byzantinische Zeit immer wieder erneuert, sind archäologisch nachgewiesen. Zisternen und ein mehr als 20 km langer Aquädukt aus dem Gebirge versorgten die Oberstadt mit Trinkwasser. Am Fuß des Burgbergs, überragt vom Steilhang, in den die reich verzierten Fassaden einer lykischen Nekropole eingemeißelt sind, liegt das griechische Theater. Eine Inschrift am Eingang erinnert daran, daß es, 141 v. Chr. durch ein Erdbeben zerstört, mit Spenden des reichen Lykiers Opramoas aus Rodiapolis wiederaufgebaut wurde. Es war mit seinem Durchmesser von 110 m eines der meistbewunderten der gesamten Provinz und wurde in römischer Zeit für Gladiatorenkämpfe hergerichtet. Der antike Markt, östlich des Theaters, ist in byzantinischer Zeit von einem Nikolauskloster überbaut worden, wobei Quader zerstörter heidnischer Tempel Verwendung fanden. Ein Apollotempel wird durch Plinius bezeugt. Sein Standort und der Platz des weit über Lykien hinaus berühmten Artemistempels, der nach der Legende von Nikolaus zerstört wurde, sind unbekannt. Einzig einige Münzbilder und ein stark verwittertes Relief am Theater bewahren die Erinnerung an die einstige Hauptgöttin Myras, die „Artemis Eleuthera", die als Befreierin verehrte Artemis. Östlich des antiken Marktes, etwas höher gelegen, gab es im 3. Jh. n. Chr. ein von den Römern erbautes Bad. Römische Herrscher besuchten wiederholt die Stadt. Vom 5. Jh. n. Chr. an war Myra Hauptstadt der Provinz Lykien. Der oströmische Kaiser Theodosius II. (408–450) erbaute dort um 430 eine Kirche, die dem hl. Nikolaus geweiht war (Cioffari). Prokopios von Caesarea in Kapadozien, Geschichtsschreiber des Kaisers Justinian (527–565), berichtet von einer Säulenbasilika zu Ehren des Heiligen, die es um 530 in Myra gab.

Myra. Vorchristliche Nekropole (Totenstadt). Die teilweise mit Reliefs verzierten Grabkammern in der hochragenden Felswand nahe der Stadt waren ursprünglich mit einem großen Stein verschlossen.

Rechts: Zierstein mit Maskenrelief vom antiken Theater Myras.
Unten: Myra. Griechisch-Römisches Theater. 2. Jh. n. Chr.

Lykien nannte man in der griechisch-römischen Antike die Landschaft im Südwesten Kleinasiens, die im Norden von bis 3000 m aufragenden Gebirgszügen fächerartig umschlossen wird und sich nach Süden hin durch vier deltaförmige, weite Schwemmlandebenen zum Mittelmeer hin öffnet. Aus den im Winter schneebedeckten Höhen der Bergrücken gespeiste Flüsse durchziehen das Land nordsüdwärts. Am fruchtbarsten und städtereichsten ist das Tal des Xanthos (heute Esen genannt), im Westen folgt die bei Urlaubern bekannte Ebene von Fethiye, östlich liegen die Myros-Ebene mit Myra (Demre), der lykischen Hauptstadt in byzantinischer Zeit, und die Ebene um den Ort Finike.

Homer erzählt, die Lykier seien Bundesgenossen der Troer gewesen. Ihre Sprache deutet auf Verwandtschaft mit den Hethitern, mit denen sie auch um 1295 v. Chr. erstmals urkundlich erwähnt werden. Den antiken Großmächten, den Persern, dem Eroberer Alexander und schließlich den Römern konnte Lykien sich nicht entziehen, bewahrte aber durch einen religiös-politischen Städtebund bis in byzantinische Zeit seine Freiheit in der inneren Verwaltung und seine kulturelle Eigenart. Sechs Städte mit mehrfachem Stimmrecht, besonderer Wirtschaftskraft und berühmten Kultstätten (Lykien verehrte besonders Apollo und Artemis sowie deren Mutter Leto) und Festspielen als kulturellen Zentren bildeten die Kerngruppe des Bundes: Xanthos, Tlos, Pinara, Patara, Myra und Olympos. Seine kulturelle und wirtschaftliche Glanzzeit hatte Lykien trotz eines zerstörerischen Erdbebens im Jahre 141 n. Chr. im 2. Jh.. Römische Kaiser besuchten und förderten die Provinz. Die Bedeutung Myras (Apg 27,5) und Pataras (Apg 27,17) im 1. Jh. bezeugen u. a. Berichte im Neuen Testament. Die Lykier exportierten Wein, Getreide, Pinien und das begehrte Zedernholz. Heute sind die Ebenen Lykiens zu Treibhauslandschaften geworden, aus denen die gesamte Türkei selbst im Winter mit Tomaten und Zucchini versorgt wird.

Die Nikolauskirche bei Myra

Türkische Sondermarke für den Bereich Antalya, 1955. Die Marke zeigt die Nikolauskirche von Myra vor der Einrüstung.

Der Überlieferung nach wurde Nikolaus nicht in seiner Bischofskirche in der Stadt Myra begraben, sondern draußen, ein gutes Stück auf dem Weg nach Andriake, dort, wo die Märtyrergräber aus der römischen Verfolgungszeit waren. Daß man Nikolaus bei den Märtyrern beigesetzt hat, spricht dafür, daß er selbst die Verfolgungszeit noch erlebt hat und man von seiner Bewährung in dieser Zeit wußte. Ob dort damals schon eine Kirche stand oder wie der Begräbnisort der Märtyrer ursprünglich gestaltet war, ist archäologisch nicht mehr zu klären. Schriftliche und archäologische Quellen belegen, daß es um 530 n. Chr. dort eine von Pilgern besuchte Basilika gab, in der auch das Rosalienfest und die jährliche Versammlung der Bischöfe Lykiens am 6. Dezember stattfanden. Früh wurde auch ein Kloster angebaut für die Mönche, die Grab und Kirche bewachten, den Gottesdienst feierten und die Pilger betreuten, von denen bereits im 7. und 8. Jahrhundert einige weither, aus Indien und England kamen. Wer die alte Kirche heute besucht, bemerkt sehr rasch, daß sie im Lauf der Jahrhunderte eine bewegte Geschichte mit Bauerweiterungen, Zerstörungen, Erneuerungen und wieder Zerstörungen gehabt haben muß. Schriftliche Überlieferungen und moderne wissenschaftliche Untersuchungen bestätigen diesen Eindruck:

Im 9. Jahrhundert, als Nikolaus schon im gesamten Osten und bis Westeuropa bekannt und gefeiert war, begannen in Myra die Probleme. Chumid, der Feldherr des Kalifen Harun al Raschid, erschien 808 mit einer Flotte vor Myra, eroberte und zerstörte Kirche und Stadt. Er soll versucht haben, das Nikolausgrab zu schänden und die Reliquien zu rauben. Zeitgenossen deuteten Unfälle und Verluste seiner Flotte auf dem Heimweg als Strafe für die Schandtaten. Die Nikolauskirche wurde wiederhergestellt, aber bis in die Mitte des 9. Jahrhunderts kam es zu wiederholten Heimsuchungen durch arabische Korsaren, die sich auf Kreta festgesetzt hatten. 1034 eroberten und zerstörten die Sarazenen Myra zum zweiten Mal, konnten sich aber nur kurze Zeit im Lande halten. 1042 jedenfalls ließen der byzantinische Kaiser Konstantin IX. und Kaiserin Zoe die Nikolauskirche grundlegend erneuern und erweitern. Der Großteil der heutigen Bausubstanz stammt aus dieser Zeit. In den beiden letzten Jahrzehnten des 11. Jahrhunderts drangen türkische Seldschuken in Lykien ein, sie wurden zwar nach dem erfolgreichen ersten Kreuzzug 1097 kurzzeitig verdrängt, konnten sich aber nach der Plünderung Konstantinopels 1204 durch ein Kreuzfahrerheer, von der sich Byzanz nie mehr ganz erholte, endgültig dort behaupten. Das Nikolauskloster siechte vor sich hin. Mittel für den Unterhalt der Gebäude fehlten. Zudem ließen Sand und Lehm der alljährlichen Hochwasser des nahen Flusses Myros Kirche und Kloster von Jahr zu Jahr tiefer im ansteigenden Schwemmland der Ebene versinken. Die wenigen immer noch ausharrenden Mönche mußten schließlich ein Fenster als Eingang in die Kirche benutzen.

Im 18. Jahrhundert soll die Zarin Katharina die Große sich für den Heimatort des Schutzpatrons ihres Reiches interessiert haben. Jedenfalls haben die Russen unter Zar Nikolaus I. (1825–1855) begonnen, die Kirche zu restaurieren. Angesichts der politischen Rivalitäten zwischen Rußland und der Türkei argwöhnten allerdings die Türken, hinter dem religiösen Eifer könne ein handfester Kolonialisierungsversuch stecken und unterbanden schließlich 1863 die Arbeiten. Immerhin waren Teile des Mauerwerks gesichert und die Gewölbe erneuert worden, wenn auch nach heutiger Einschätzung ohne Sensibilität für den historischen Bestand. Die Gebäude verfielen erneut. Um 1917 lebte nur noch ein Mönch als Einsiedler dort, nach 1920 – in den Jahren der Vertreibung und Umsiedlung griechischer Christen aus der Türkei – wurde alles aufgegeben. Die wiederbelebte Feier am 6. Dezember ist der einzige von der Regierung zugelassene christliche Gottesdienst im Süden der Türkei. Archäologische Interessen führten dann in den 60er Jahren zu neuen Arbeiten,

Oben: Inneres der Nikolauskirche. Die wiederaufgerichteten Säulen markieren den Platz eines Baldachinaltares. Im Hintergrund das „Synthronon", die nach dem Muster eines griechischen Theaters angeordneten Sitzreihen der Geistlichen.
Links: Nikolauskirche von Myra. Zur Zeit mit provisorischem Dach und Stahlgerüst gesichert.

insbesondere zur Entfernung der inzwischen acht Meter tiefen Lehmschicht, die fast alles unter sich begraben hatte. 1989 startete die türkische Regierung ein Rekonstruktionsprogramm. Zur Substanzsicherung ist seit Jahren fast der gesamte Komplex von einem Stahlgerüst mit provisorischem Dach überspannt. Vom Straßenniveau führt eine steile Rampe in das Gelände, das nach den Ausgrabungen wie ein kleines Tal mitten in der heutigen Stadt Kale liegt.

Das Grab In den Jahren 1964–1971 untersuchte eine deutsche Forschergruppe die Nikolauskirche im Rahmen archäologischer Arbeiten in Myra. Sie bestätigten den Bau des 6. Jhs., wiesen eine Erneuerung im 8. Jh. nach und eine mittelalterliche Erneuerung und Erweiterung. Nach ihren Untersuchungen hat es unter der Kirche niemals eine Krypta gegeben, auch keine in den Fußboden eingelassene Grabanlage. Die Behauptung im Bericht von Bari, das Grab sei unter dem Marmorboden gefunden worden, ist demnach falsch. Tatsächlicher Ort des ursprünglichen Grabes ist nach dem Befund der Archäologen das mittlere der südlichen Seitenschiffe (vgl. nebenstehende Skizze). Dort wurden in der Apsis und in einer Seitennische alte, im 11. Jh. stark zerstörte und später restaurierte Gräber nachgewiesen. Für die Apsis spricht ein während der russischen Restaurationsarbeiten im 19. Jh. angefertigter Inschriftenstein ebenso wie der Bericht eines Forschers, der noch 1906 in dieser Apsis Chorschranken wie vor dem Allerheiligsten sah. Die Archäologen fanden in dem südlichsten Seitenraum Teile eines alten Sarkophagdeckels, in den eine ungewöhnliche Öffnung gebohrt war, die zum Einfüllen von Ölspenden und zum Heraufholen des heiligen Myron/Manna (vgl. S. 43) gedient haben kann. Die beiden heute dort aufgestellten, beschädigten Sarkophage passen nicht zu diesem Deckel. Von ihnen kommt keiner als ursprüngliches Nikolausgrab in Frage.

Blick in die mittlere Seitenapsis der Nikolauskirche, den wahrscheinlichen Ort des Nikolausgrabes.

Links: Bild eines heiligen Bischofs in der südlichen Seitenkapelle, Fresko des 10. – 11. Jhs.
Unten: Fußbodenmosaik im Eingangsbereich der Kirche.

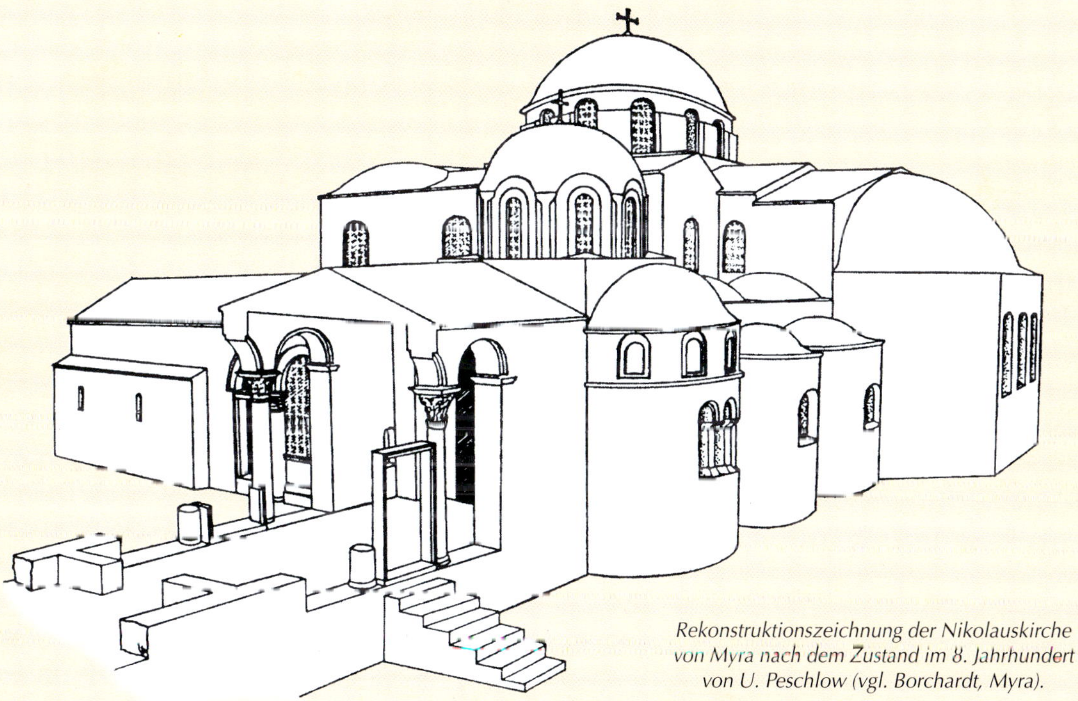

Rekonstruktionszeichnung der Nikolauskirche von Myra nach dem Zustand im 8. Jahrhundert von U. Peschlow (vgl. Borchardt, Myra).

Eine folgenreiche Verwechslung

In Lykien, lebte im 6. Jahrhundert ein Abt im Kloster Sion bei dem Dorf Tragalassos, nahe der heutigen türkischen Stadt Kumluca, der seinen Namen, Nikolaus, dem Bischof von Myra verdankte. Ein Mönch seines Klosters hielt sein Leben und Wirken in einer Biographie fest, die in einigen Handschriften bis heute erhalten ist. Darin ist zu lesen, daß Abt Nikolaus am 10. Dezember 564 starb, wenige Tage nach seiner Rückkehr aus Myra, wo er an der lykischen Bischofssynode teilgenommen hatte.

Als Nikolaus von Myra schon recht berühmt war und man mehr über ihn wissen wollte, geriet einem Schriftsteller auf der Suche nach weiteren Quellen diese Biographie in die Hände. In seiner Begeisterung hielt er sie für einen Bericht über den Bischof Nikolaus von Myra und verwendete sie zur Auffüllung seiner eigenen Darstellung. So vermehrte er die Zahl der Nikolauslegenden beträchtlich und verhalf seinem Heiligen zu noch größerer Berühmtheit, brachte aber die geschichtlichen Tatsachen ziemlich durcheinander. Erst Jahrhunderte später bemerkten Theologen den Irrtum und korrigierten ihn. Die vielen Legenden aber hatten sich längst nahezu unentwirrbar vermischt.

Die Verwechslung hat jedoch durch die irrtümliche Hochschätzung und Bewahrung der vermeintlichen Quellen dazu beigetragen, daß wir im Abt Nikolaus von Sion einen der frühesten Nikolausverehrer kennen. Der Abt von Sion, der später selbst Bischof von Pinara in Lykien wurde, bezeugt, daß der 6. Dezember tatsächlich der Todestag Nikolaus' von Myra ist und, daß bei Myra seine

Pinara, Nekropole. Felswand mit vorchristlichen Gräbern.

Oben: Pinara, griechisches Theater.
Unten: Pinara. Vorchristliches Felsengrab mit Stiergehörn.

Grabeskirche stand, in der die Bischöfe Lykiens sich alljährlich an diesem Tag zur Synode versammelten.

Andererseits hat das Fehlen zeitgenössischer Quellen und der Wirrwarr der Überlieferung manche Forscher an der historischen Existenz eines Bischofs Nikolaus in Myra zweifeln lassen. Völlig verstummt ist der Zweifel bis heute nicht. Aber durch die Auswertung bisher unberücksichtigter Handschriften, die nur auf russisch erhalten sind, hat der italienische Nikolausexperte Gerardo Cioffari vor wenigen Jahren mit großer Wahrscheinlichkeit belegen können, daß eine bisher angezweifelte Liste der Bischöfe, die am Konzil in Nizäa teilgenommen haben, und die den Namen Nikolaus von Myra enthält, doch korrekte Überlieferung bietet. Damit ist ein gewichtiges Argument der Zweifler widerlegt, die meinten: Wenn allein aus Lykien, Pamphylien und Isaurien 25 Bischöfe beim Konzil von Nizäa nachgewiesen seien und der Bischof von Myra nicht darunter sei, dann habe es eben damals keinen Nikolaus von Myra gegeben und die ganze Geschichte sei nur gut erfunden. So kommt zu der schon früher bemerkten, auffälligen Verbreitung des Namens Nikolaus im 5. Jahrhundert in Lykien nun auch der Nachweis seines Namens in einer Teilnehmerliste des Konzils. Die Überzeugung, daß die alten Legenden von einem wirklichen Menschen erzählen, wird kritisch bestätigt.

Pinara Westlich der Straße von Fethiye nach Patara liegt etwa auf halbem Wege auf einer Anhöhe, überragt von einer imposanten Felswand, die antike Stadt Pinara, Bischofssitz des Nikolaus von Sion und mit Vorzugsstimmrecht ausgestattetes Mitglied des lykischen Bundes. Nach dem Erdbeben des Jahres 141 n. Chr. wiederaufgebaut, soll Pinara noch bis ins 9. Jh. Bischofssitz gewesen sein. Die Stadt ist wegen ihres Totenkultes berühmt. Auf einer Geländestufe neben der Stadt stehen zahlreiche monumentale Sarkophage. Die Felswand ist zu einer weithin sichtbaren Nekropolis ausgebaut. Von den Rängen des vor der Stadt angelegten Theaters blicken die Besucher direkt auf die Stadt ihrer Toten. Über dem Eingang eines der unteren Felsgräber erkennt man ein gut erhaltenes Relief, das ein Stiergehörn zeigt, altes heidnisches Symbol des Schutzes und der Kraft, das an den kretischen und kanaanäischen Stierkult erinnert.

Nizäa Der alexandrinische Geistliche Arius (256–336 n. Chr.) hatte um 317 eine Kontroverse ausgelöst, die das Grundverständnis des christlichen Glaubens betraf und rasch weite Kreise zog. Es ging um das Verhältnis Christi zu Gott: ob er ein vorzügliches Geschöpf sei, oder mit Gott wesenseins. Die Wahrheit des Erlösungsglaubens hing an dieser Frage. Kaiser Konstantin, dem es um religiösen Frieden im Reich ging, berief 325 eine Bischofsversammlung nach Nizäa, seiner Sommerresidenz ein, die als erstes allgemeines Konzil der Kirche gezählt wird. Arius beharrte auf der Unterordnung Christi als Geschöpf des Vaters und wurde verurteilt. Spätere Legenden weisen Nikolaus von Myra eine herausragende Rolle bei dem Konzil zu.

Über die Hartnäckigkeit des Arius erzürnt, habe er diesen geohrfeigt und sei dafür von Konstantin eingekerkert worden. In der Nacht seien ihm aber Christus und Maria erschienen und hätten ihm die Stola als Zeichen seines bischöflichen Amtes und das Evangelienbuch zurückgegeben. Auf zahlreichen russischen Nikolausikonen finden sich diese beiden Szenen bis heute als Begleitbilder.

Vergoldete Leuchterampel aus dem Kloster Sion, 6. Jh.

Rechts: Byzantinischer Teller mit Christusmonogramm aus dem Kloster Sion, 6. Jh.

Silberner Öllämpchenhalter, aus dem Kloster Sion, 6. Jh.

Sion In einer Vitrine des Museums in Antalya zieht ein umfangreicher Silberschatz die Blicke der Besucher auf sich: Ein Teller mit mehr als 50 cm Durchmesser, in der Mitte ein vergoldetes Christusmonogramm, ein großer, feingeschwungener Kelch, eine vergoldete zylindrische Ampel an drei Ketten aufgehängt mit biblischen Szenen in Treibarbeit, ein kreisrunder Öllämpchenhalter in Stanzarbeit und einige kleinere Gerätschaften. Sie stammen aus dem ehemaligen byzantinischen Kloster Sion in Korydalla bei der Stadt Kumluca. Sion war der Wirkungsort des mit Nikolaus von Myra verwechselten und gemeinsam verehrten Abtes Nikolaus von Sion. Die Gegenstände werden dem 6. Jh. zugeordnet, möglicherweise also wurden sie in der Zeit des berühmten Abtes angefertigt. Inschriften erweisen sie als Geschenke eines sonst wenig bekannten Bischofs Eutychianus. Die kostbaren liturgischen Geräte traten 1963 bei einer illegalen Grabung zutage. Etwa 100 Fundstücke sollen es gewesen sein, die großenteils ins Ausland geschafft worden sind; nur 19 Teile konnten für das Museum gesichert werden. Ihre Form und ihr Reichtum lassen etwas ahnen von dem handwerklichen Können und der Feierlichkeit der Gottesdienste in spätantiker Zeit in Lykien.

Neue archäologische Spuren

Gemiler. Inselspitze im Abendlicht. Reste alter Gräber.

Gang von der alten Anlagestelle zur Höhe der Insel. Wahrscheinlich Prozessionsweg zur Nikolauskirche.

Westlich von Myra liegt vor der Küste Lykiens eine kleine, heute unbewohnte Insel mit dem türkischen Namen Gemiler. Urlaubern und Touristen ist die Gegend durch den Namen des Touristenzentrums Ölüdeniz und durch Clubreisen bekannt. Die Insel selbst wäre gewiß auch längst vom Clubtourismus überschwemmt, wären da nicht genügend leichter zugängliche Inseln in der Umgebung. Gemiler ragt recht schroff aus dem Meer und ist nur von einer Stelle her einigermaßen zugänglich. An der steilen Seeseite gelingt es nur noch ein paar genügsamen und unglaublich waghalsig springenden Bergziegen zu überleben. Von der Landseite her kommen zuweilen einige Besucher, die in den Trümmern einer früheren Besiedlung umherklettern. Nach 1991 war wiederholt längere Zeit eine japanische

Chor der spätbyzantinischen Kirche zu Ehren des hl. Nikolaus von Sion, durch Erdbeben zerstört.

*Byzantinische Nikolauskirche auf der höchsten Anhöhe von Gemiler. 6. Jh.
Im Hintergrund sind die Reste des „Synthronon", der stufenförmigen Sitzreihen der Geistlichen erkennbar.*

Archäologengruppe dort, um Ausgrabungen in den Gebäuderesten zu machen, die Erdbeben und der langsame Zerfall übriggelassen haben. Ihre Arbeit brachte einiges Interessante ans Licht. Im Internet hat 1997 jemand versucht, eine Sensation aus ihren Ergebnissen zu machen: Nikolaus sei auf dieser Insel begraben und die mittelalterlichen Kaufleute von Bari hätten wohl die falschen Reliqui en mitgenommen. Das hat sich längst als Fehlspekulation erwiesen. Die Japaner haben bis zur Grabungskampagne von 1998 keine inschriftlichen Hinweise auf Nikolaus von Myra entdeckt. Aber ihr Ergebnis ist trotzdem bemerkenswert: Sie fanden die Ruinen von christlichen Kirchen, einer jüngeren, aus dem Mittelalter auf dem unteren, kleinen Plateau der Insel und einer solchen aus dem 6. Jahrhundert auf der höchsten Erhebung der Insel. Beide Ruinen identifizierten sie als Reste von Nikolauskirchen. Sie konnten nachweisen, daß die mittelalterliche Kirche dem Abt Nikolaus von Sion geweiht war, also dem jüngeren, weniger berühmten Träger des Namens. Wenn nun die untere Kirche Nikolaus von Sion ehrte, die obere, ältere einen anderen Nikolaus, dann muß dieser Nikolaus von Myra sein, der erste und gewichtigere Träger des Namens. Dieses Ergebnis stimmt auch mit dem Namen überein, den die Insel in mittelalterlichen Seekarten trug. So ergibt sich doch eine kleine Sensation. Nun ist nicht mehr nur durch schriftliche Quellen belegt, daß im 6. Jh. Nikolaus von Myra in Kleinasien verehrt wurde und daß es in Myra und Konstantinopel Kirchen zu seiner Ehre gegeben habe, jetzt belegen für diese Zeit archäologische Ergebnisse Verehrung und Kirchenbau in der Nähe des Ursprungs.

Nikolaus zerstört den Artemistempel von Myra und vertreibt die Dämonen.
Russische Ikone, 19. Jh. Ikonenmuseum Recklinghausen.

Angstgegner der Dämonen

„Der Feind des Menschengeschlechtes erleidet bei jedem Feste eines Heiligen eine Niederlage, aber die meiste Angst verursacht ihm das Fest des heiligen Nikolaus, weil es in der ganzen Welt gefeiert wird." Mit dem Feind des Menschengeschlechtes ist der Teufel gemeint, und der Sprecher des Satzes war vor gut tausend Jahren am 6. Dezember der byzantinische Kaiser Leo VI. (886–912). Die Nikolaus zugeschriebene Macht ist nicht nur allgemeiner Ausdruck der christlichen Erlösungslehre, sondern hat ihren Grund in einigen der ältesten Legenden, die in der Nikolausvita des Theologen Michael der Archimandrit im 9. Jahrhundert erzählt werden. Danach soll zunächst Nikolaus den Artemistempel von Myra eigenhändig zerstört haben. Artemis und die Dämonen, die in dem Tempel Unterschlupf gefunden hatten, sollen dann vergeblich versucht haben, sich zu rächen. Die Legende „Ein Dämon" (vgl. S. 66) erzählt davon.

Oben: Nikolaus als reitender Retter befreit einen christlichen Knaben, der von Sarazenen auf Kreta als Mundschenk des Emirs gefangengehalten wird. Fresko in der orthodoxen Dorfkirche zu Ramaca in Serbien, um 1395.
Unten: Nikolaus reitet nächtens über die Dächer. Holzschnitt, Niederlande, 18. Jh.

Dämonenglaube und Dämonenfurcht waren nicht nur in der Antike weit verbreitet, sie prägten auch den kirchlichen Glauben des Mittelalters, besonders des 13. Jahrhunderts. So wurden gerade die beiden genannten Legenden zum Ursprung vielfältigen Brauchtums, das in unverstandenen Formen teilweise bis heute weiterlebt. Dem Teufelsglauben des Mittelalters entsprechend trat in den geistlichen Spielen zum Nikolaustag der Teufel selbst in fratzenhafter Gestalt auf und wurde im Verlauf des Spieles in Ketten gelegt, eine, wie die Chroniken ausweisen, der beliebtesten Szenen dieser Spiele: Der Urheber des Bösen ist besiegt und muß dem Heiligen, seinem Bezwinger, dienen; eine volkstümlich anschauliche Form des christlichen Erlösungsglaubens. Karl Meisen hat in seiner umfangreichen Untersuchung der Bräuche sogar nachweisen können, daß sich in den vielfältigen Namen des Nikolausbegleiters von „Knecht Ruprecht" bis „Zwaarte Piet" die Erinnerung an die besiegte Teufelsgestalt verbirgt. Auch einige andere Elemente der Nikolausfeiern sind aus diesem Sieg über Teufel und Dämonen erwachsen. In manchen Gegenden reitet Nikolaus auf einem Schimmel, wovon noch das Kinderlied singt: „Stell das Schimmelchen unter den Tisch". Dem Anführer und Sieger kommt nach alten Vorstellungen der Schimmel als Reittier zu, sein besiegter Begleiter muß auf einem Esel nebenher reiten, sich begaffen lassen und zu Diensten sein. Da dem Teufel die Bestrafung der Bösen in der Hölle oblag, mußte folglich Knecht Ruprecht die Bestrafung der unfolgsamen Kinder übernehmen. Selbst die mancherorts bekannte grausame Redensart, daß der Ruprecht die bösen Kinder fressen werde, ist klösterlich-biblischen Ursprungs. Im kirchlichen Nachtgebet wird mit einem Bibelzitat vor der List des teuflischen Versuchers gewarnt, dem Verderber der Menschen, „der umhergeht wie ein brüllender Löwe, suchend, wen er verschlinge" (1 Petr 5,8).

Die in den Niederlanden früher verbreitete Vorstellung vom nächtlichen Einstieg Ruprechts durch den Kamin, um die Gaben seines Herrn abzuliefern, ist in diesem Zusammenhang entstanden.

Der Kamin war im nächtlichen Haus der unmittelbar nach außen führende schwarze Gang, die Pforte der Geister. Und trotz aller grobsinnlichen Anschauungen vergaß man nicht, daß es sich beim Teufel um ein Geistwesen handeln mußte, eine überirdische Macht. Verdrängung des Ruprecht, Unkenntnis und romantische Phantasie haben in der neuen Welt Santa Claus selbst durch den Kamin kommen lassen. Vielleicht spricht sich in dieser Veränderung aber auch eine Hoffnung aus, daß wenigstens ungesehen, wenn die Mächtigen schlafen, noch ein freundlicher Geist die Kleinen tröstet.

Gegen eine mächtige, dämonische Religion, die Menschen benutzte und versklavte, hat der Bischof von Myra mit bloßen Händen – wie die Legende sagt – und einsamem Mut gestritten. Das ließ damals Menschen aufhorchen. Heute treten Dämonen unter anderen Namen aber nicht weniger bedrängend auf: Zwang zu funktionieren, erstickende Einsamkeit, Angst überflüssig zu werden. Unmenschliche Kräfte in Religion, Wirtschaft und Gesellschaft werden von vielen als Bedrohung empfunden. Nikolaus und Nikolausverehrung schufen dagegen einmal ein Klima der Menschlichkeit, das die Dämonen fürchten. Wer an die bei uns immer noch praktizierten schwarzen Messen, manche zwanghaften esoterischen Praktiken denkt und die Macht des Geldes zu spüren bekommt, wird das in den Nikolauslegenden verborgene Vertrauen in die Botschaft von der Befreiung durch den Christusglauben vielleicht nicht mehr veraltet finden. Abgesehen davon muß man wohl in Nikolaus auch einen frühen Kämpfer gegen finstere Foltermethoden sehen und darf sich bei ihm in guter Gesellschaft fühlen.

Knecht Ruprecht als „Chindlifresser". Brunnenfigur des Bildhauers H.G. (Hans Geiler oder Hans Gieng?), Bern, um 1520.

Fest der Reliquienübertragung in Bari: Gespenstische Stelzenläufer stellen Dämonen dar und erinnern an die Auseinandersetzung mit Mächten des Bösen. – „Normannische Herzogin": Auch hier ist die Tradition lebendig, daß die führende Person auf einem Schimmel reitet.

Begleiter der Kaiserin

Noch zu Lebzeiten Ottos des Großen wurde am 14. April 972 in Rom seinem Sohn und Mitkaiser Otto II. die byzantinische Prinzessin Theophanu angetraut und zur Kaiserin gekrönt. Zwar war Theophanu nicht die purpurgeborene Kaisertochter, die Otto sich für seinen Sohn zur Aufwertung des westlichen Kaisertums erhofft hatte, aber als Angehörige des byzantinischen Kaiserhauses trug sie doch den Glanz Konstantinopels ins Abendland und half, die Verbindungen zu dem unerloschenen oströmischen Kaisertum zu vertiefen und zu festigen. Der Charme der jungen Kaiserin brachte griechische Kultur und Religiosität im Westen in Mode.

In Konstantinopel genoß Nikolaus von Myra damals bereits nächst der Gottesmutter Maria das größte Ansehen unter allen Heiligen. Unter seinem Schutz stand selbstverständlich auch die in den fernen Westen entsandte Prinzessin. Die Quellen schweigen zwar über Theophanus persönliche Nikolausverehrung. Desto deutlicher aber sind die überlieferten Fakten. Während es zuvor im Abendland nur sehr vereinzelte Nikolauskirchen gab, sind aus den ersten Jahrzehnten nach Theophanus Hochzeit zwölf Neugründungen bekannt, denen nach der Jahrhundertwende Hunderte folgten.

Eine einmalige Kostbarkeit aus dieser Zeit bewahrt die Johanneskirche im Aachener Stadtteil Burtscheid. Nachweislich seit dem 12. Jahrhundert, wahrscheinlich schon seit dem 10. Jahrhundert, wird hier eine byzantinische Mosaik-Ikone des heiligen Nikolaus von Myra verehrt. Kaiser Otto III. gründete dort 997, wenige Jahre nach dem Tod seiner Mutter Theophanu, ein Benediktinerkloster und berief sich dabei für die Wahl des Griechen Nikolaus zum Kirchenpatron der Abtei ausdrücklich auf seine zur Hälfte griechische Abkunft. Die Leitung des Klosters übertrug er dem aus byzantinischem Kulturraum stammenden Abt Gregorios von Cerchiara. In der Forschung wird – wenn auch nicht unwidersprochen – angenommen, daß die berühmte Ikone entweder aus dem Erbe Theophanus stammt oder von Abt Gregor mitgebracht wurde.

Nikolaus von Myra. Holzplastik des 12. Jhs. Brauweiler, ehemalige Abteikirche.

Die **Burtscheider Nikolaus-Ikone** gilt in der Forschung einhellig als byzantinische Arbeit. Schätzungen der Entstehungszeit schwanken zwischen dem 10. und 13. Jh. Die jüngste Untersuchung von H. Buschhausen aus dem Jahre 1997 führt beachtliche Argumente für die frühe Entstehung und die Herkunft aus dem Besitz des ersten Burtscheider Abtes Gregorios von Cerchiara († 999) oder der Kaiserin Theophanu (ca. 960–991) an. Es handelt sich um eine in minutiöser Technik in Wachs gefaßte Mosaik-Ikone.

Die Ikone blieb zwar immer in Aachen, aber nicht ständig in der Kirche. Man trug sie vielfach zu Schwangeren, stellte sie in der Kammer der Gebärenden auf, ehrte sie mit brennenden Kerzen und rief den in seinem Bild gegenwärtigen Heiligen als Beschützer für eine glückliche Geburt an. Das besonders in Frankreich und Belgien bekannte Nikolauspatronat über Schwangere und Frauen, die sich ein Kind wünschen, geht ursprünglich auf die Legende von den drei Mädchen zurück.

Die Wärme brennender Kerzen und der häufige Transport haben einen Großteil der in Wachs gefaßten Mosaiksteinchen herausfallen und verlorengehen lassen. Da die Wachsmosaiktechnik im Westen unbekannt war, erfolgten die wiederholt notwendigen Restaurierungen durch Übermalungen, die sich jedoch, wie eine Röntgenuntersuchung der Ikone während einer Ausstellung 1997 in New York ergab, sehr genau an die ursprünglichen Konturen gehalten haben. Das an einer Kette um den Hals des Heiligen hängende Kreuz, in Nikolausikonen sonst unbekannt, gilt allerdings als westliche Zutat in Anlehnung an das bischöfliche Brustkreuz.

Die Berühmtheit der Ikone im Hochmittelalter ist literarisch durch den Zisterziensermönch Caesarius von Heisterbach (ca. 1180–1240) belegt. In seinem Dialogus miraculorum erzählt er einem Novizen von der Ikone und äußert die Vermutung, sie stamme von einem griechischen Künstler, der das wirkliche Antlitz des großen Heiligen noch gekannt habe. Caesarius berichtet auch, daß die Ikone zu Schwangeren getragen wurde.

Rechts: Nikolausikone von Burtscheid. Eine in Wachs gefaßte, vielfach restaurierte Arbeit des 10. Jhs. aus Byzanz.

Zwar hatte es auch schon früher Nikolauskirchen diesseits der Alpen gegeben, aber es bedurfte offenbar der eindrucksvollen Autorität einer Kaiserin, um den fremden Heiligen im Abendland wirklich bekannt zu machen.

Als Ort der frühesten Nikolausverehrung auf deutschem Boden gilt Billerbeck bei Münster in Westfalen. Der Friese Liudger (742–809) war als junger Mönch nach Monte Cassino, zum Stammkloster der Benediktiner gepilgert. Mit Unterbrechungen durch weitere Pilgerreisen hielt er sich fast drei Jahre dort auf. Der kulturelle Kontakt zu Byzanz, den die in seiner Heimat tonangebenden Franken damals suchten, war hier selbstverständlich. Liudger lernte die nördlich der Alpen noch unbekannte Nikolausverehrung kennen. Ob er auch nach Myra und Jerusalem pilgerte, wie manche vermuten, ist nicht überliefert. Immerhin muß die Gestalt des in Monte Cassino verehrten heiligen Nikolaus den Friesen so beeindruckt haben, daß er nach seiner Rückkehr den begnadeten Bischof aus Myra in Sachsen bekannt machte. Von Karl dem Großen mit dem Missionsbistum Mimigerneford (Münster) beauftragt, weihte er dem Heiligen in Billerbeck, eine seiner ersten Kirchengründungen. Da eine Altarweihe ohne Reliquien damals kaum denkbar war, liegt die Vermutung nahe, daß er solche aus Myra mitgebracht hat, zumindest eine Phiale mit dem geschätzten Manna. Seine Gründung scheint aber zunächst ohne Nachahmer geblieben zu sein.

Dagegen wurde in der kaiserlichen Familie das Erbe Theophanus bewahrt. 1024 gründete Pfalzgraf Ezzo, der Mathilde, eine Schwester Ottos III. zur Frau hatte, das Benediktinerkloster Brauweiler und bestimmte Nikolaus zum Patron der Kirche. Nikolausverehrung war mittlerweile Sache der einflußreichen Kulturträger, der Klöster und der Hofkapellen des hohen Adels geworden.

In später Erinnerung an die frühe Gründung des Friesen Liudger sind in einem der Legendenfenster der 1956 auf der kleinen ostfriesischen Insel Baltrum erbauten Nikolauskirche die Türme von Billerbeck dargestellt.

Nikolausfenster aus der kath. Kirche auf Baltrum von Margarete Franke, 1956.

Die Darstellung erinnert an die Legende von der Entführung (vgl. S 81–83). Im Hintergrund die stilisierten Kirchtürme von Billerbeck.

Patron der Schüler

Um die Mitte des 10. Jhs. tauchte in den Dom- und Klosterschulen ein bis dahin unbekannter Begriff auf: „historia". Er bezeichnete eine neue Form der Liturgie an Heiligenfesten, die angereichert mit Hymnen, Antiphonen und in Verse gesetzten Legenden, musikalisch ausgestaltet war. Um diese Zeit schrieb ein gewisser Reginold zum Fest des heiligen Nikolaus ein solches vertontes Gedicht, das ihm den Quellen zufolge die Wahl zum Bischof von Eichstätt (966–997) eintrug.

Reginold, von adliger Geburt, Kleriker noch ohne höhere Weihen, begabt und, wie es heißt, vorbildlich lerneifrig, war durch ungewöhnliche Kenntnisse nicht nur in Latein, sondern auch in Griechisch und Hebräisch aufgefallen, die er wohl in Italien erworben haben muß. Unter teilweiser Verwendung bekannter Texte verfaßte und vertonte Reginold zum Nikolaustag für die Eichstätter Domschule eine liturgische Dichtung, die die Festteilnehmer aufhorchen ließ. Die Geschichte scheint etwas Revolutionäres an sich gehabt zu haben. Die Melodie, in Neumen notiert, ist bis heute nicht rekonstruiert und darum nicht sicher nachzuempfinden. Sicher ist, daß Reginolds Werk sich durch eine unerwartet eingängige, neue Musikalität auszeichnete, die bald auch in vielen anderen Dom- und Klosterschulen freudige Aufnahme fand, in einigen konservativ ausgerichteten Abteien aber auf Widerstand stieß. Drastisch erzählt davon eine zeitgenössische Legende. Diese vielleicht zum Schmunzeln reizende Legende macht zugleich deutlich, welche Veränderung die Nikolausverehrung auf ihrem Weg ins abendländische Mittelalter inzwischen erfahren hatte. Im Gegensatz zu der nüchternen Mentalität der Spätantike zeigt sich eine naive Gläubigkeit, die den Heiligen recht robust und mit wenig christlicher Milde, dafür aber mit göttlicher Souveränität auftreten läßt, merklich anders, als er in den frühen Legenden erschienen war.

Nikolausfenster aus der Kathedrale von Chartres, 12. Jh. Oben ist die erste Darstellung der Schülerlegende zu sehen

Die Legende beruft sich auf eine Begebenheit in dem Kloster La Croix-en-Brie in der Diözese Sens. Dort baten die Mönche ihren Prior, Dom Ytherius, zum Nikolausfest die neuen Melodien singen zu dürfen. Dieser lehnte die unfrommen, modischen Neuerungen kompromißlos ab. Auf Vorhaltungen, alle Welt singe diese „historia", die doch so erfüllt von geistlichem Honig sei, schickte er die Mönche zornig fort und erklärte, er werde der Abschaffung alter Riten zugunsten der Gaukelei eines weltlichen Schreibers niemals zustimmen. In der folgenden Nacht erschien ihm Nikolaus persönlich, stellte ihn zur Rede, tadelte seine Hartnäckigkeit und seinen Stolz, zog ihn an den Haaren aus dem Bett und bleute ihm mit der Rute den Rhythmus der neuen Melodien schmerzlich ein. Er drohte ihm schließlich mit weiteren Strafen wegen seiner mangelnden Verehrung und Widersetzlichkeit. Die Mönche, vom Stöhnen des Priors aufgeschreckt, fanden ihn im Morgengrauen neben seinem Bett auf dem Boden liegend. Den halb Gelähmten mußten sie in die Infirmerie tragen. Für Tage lag er in völliger Lethargie. „Schließlich, durch göttliches Erbarmen und die Fürbitte des heiligen Nikolaus wiederhergestellt, wandte er sich an den Konvent der Brüder und sagte feierlich: Wißt, meine geliebten Söhne, daß ich, nachdem ich mich geweigert hatte, euch zu folgen, wegen meiner Herzenshärte strenger Bestrafung unterworfen wurde. Nun aber stimme ich nicht nur von Herzen eurer Bitte zu, sondern will, solange ich lebe, der erste und eifrigste Sänger der Historia des großen Hirten sein."

Tatsächlich haben im 10. und 11. Jahrhundert besonders Benediktinerabteien der Cluniazenser Reform die Melodien angenommen, sie damit sanktioniert und zugleich der Verbreitung des Nikolauskultes, zu dessen Fest sie in Eichstätt erstmals komponiert waren, gedient. Der amerikanische Historiker Charles W. Jones versucht sogar nachzuweisen, daß gerade durch Reginolds zum Nikolausfest verfaßtes Reimoffizium, wie man die Historien später nannte, die unmittelbaren Voraussetzungen für die dann auch zu anderen Heiligenfesten verbreiteten Mirakelspiele geschaffen wurden.

Die Spur dazu führt nach Hildesheim. 1122 bestimmte Kaiser Heinrich II., ehemaliger Herzog von Bayern, seinen theologischen Ratgeber, Godehard, Abt von Kloster Altaich, als Nachfolger Bernwards zum Bischof von Hildesheim. Eine heute in London aufbewahrte Handschrift aus Godehards Bibliothek enthält Aufzeichnungen zu zwei Mirakelspielen zum Nikolausfest, der Legende von den drei Mädchen und der neuen Legende von den drei Schülern. Die Hildesheimer Schule war seit ottonischer Zeit tonangebend in Europa und nach Jones sind hier die Quellen der Schülerlegende und des Schülerpatronats des verehrten Bischofs von Myra zu suchen. Erst im Laufe des 11. Jahrhunderts verlor sie ihren Vorrang an Domschulen in Frankreich, die zumeist als Ursprungsorte des Schülerpatronats gelten, das im Laufe der Jahrhunderte alle anderen Schutzaufgaben des Heiligen überlagerte. Tatsächlich ist von Nordfrankreich her die neue Legende erst allgemein bekannt geworden.

Zu Beginn des 12. Jahrhunderts hat dort eine bemerkenswerte Renaissance der Schulen und der Bildung eingesetzt. Einige Kirchenhistoriker sprechen von einer sich dort ereignenden „Schulexplosion". Zwar lehnte der gerade neu entstandene Orden der Zisterzienser den Schulunterricht durch Mönche völlig ab, weil die Schulen Unruhe brachten und die Mönche von der Betrachtung abhielten. Um so mehr traten aber die Stifts- und Domschulen in den Vordergrund, die sich auch dem entstehenden Bürgertum öffneten. Für die „Scholares", wie man die dem Klerikerstand zugehörigen Schüler mit einem neuen Wort nun nannte, schien der von aller Mund gepriesene Nikolaus der geeignete Schutzherr zu sein, obwohl in alter Zeit von einem Schülerpatronat dieses Heiligen keine Rede gewesen war. Immerhin erschien in einer alten, aus dem Osten überlieferten Legende Nikolaus als vorbildlicher Schüler. Zudem vertrauten Schulen und Familien angesichts der oft auf gefährlichen Wegen weither kommenden Scholaren auf ihn als Patron der Reisenden.

So erschien die Legende von der Rettung der drei Schüler sogleich neben den traditionellen Legenden als farbige Bildgeschichte in Fenstern der gerade erstehenden Kathedralen berühmter Schulorte wie Chartres und Paris. Die Erzählung wurde zur Signallegende der Epoche, der entsprechend man von nun an in Frankreich Nikolaus immer mit den drei Schülern im Pökelfaß zu seinen Füßen darstellte, während im Osten die Gestalt mit dem Evangelienbuch vorherrschend blieb, dem in Deutschland und Italien die drei goldenen Kugeln hinzugefügt wurden. An französisch beeinflußten Darstellungen, in denen im Laufe der Zeit die Schüler von jungen Erwachsenen immer mehr zu kleinen Kindern werden, läßt sich ablesen, wie das Schülerpatronat sich in den folgenden Jahrhunderten allmählich zum Kinderpatronat wandelte.

Zunächst aber war Nikolaus nun der Patron der Studenten und mußte sich auch ihrer Nöte als Heranwachsender annehmen, wovon weitere neu entstandene Legenden erzählen. So enthält eine Handschrift des 14. Jahrhunderts neben bekannten Texten eine sonst nirgendwo überlieferte Geschichte vom Schicksal eines verliebten Studenten. In Versform wird in zwanzig Strophen erzählt, wie er seine Geliebte entführt und gleich eine ansehnliche Summe aus dem Vermögen des reichen Vaters für den Lebensunterhalt mitgehen läßt. Auf der Flucht gerät er zwischen zwei Fronten. Am Rande eines Waldes kommt von der einen Seite der Vater des Mädchens mit seinen Knechten auf das Paar zu und

Schülerbischof mit zwei Ministranten am Nikolausabend im Kollegstift St. Stephan in Bamberg. Kolorierte Zeichnung um 1581/83. Aus: Index omnium festorum et sanctorum secundum ordinem Stephaniae ecclesiae Bamberge ... Bamberg, Staatsbibliothek, H.V. 476, fol. 251 v.

In **Eichstätt** geht die Nikolausverehrung wahrscheinlich auf den angelsächsischen Gründerbischof Willibald zurück, der vor seiner Zusammenarbeit mit Bonifatius wiederholte Pilgerfahrten nach Jerusalem gemacht hat und 723/724 dabei einmal, wie seine Biographin, die Nonne Hugeburc berichtet, in Patara, der Geburtsstadt Nikolaus', überwintern mußte. Nach seiner Rückkehr, die ihn wieder an der lykischen Küste entlang führte, hat Willibald zwei Jahre in Konstantinopel gelebt, wo zu der Zeit Nikolaus nachweislich hochverehrt wurde. Zwar ist in seiner Lebensbeschreibung von Nikolaus nicht die Rede, aber in Fulda, wo Willibald in päpstlichem Auftrag anschließend mit Bonifatius für die Missionierung Germaniens zusammenarbeitete, werden in einem Reliquienverzeichnis von 818 Nikolausreliquien bezeugt. Möglicherweise sind sie durch Willibald dorthin gekommen. Der Fuldaer Heiligenkalender aus dieser Zeit weist auch das Nikolausfest dort am 6. Dezember nach. 741 wurde Willibald zum Bischof geweiht und war von 745 bis zu seinem Tode im Jahre 787 der erste Bischof von Eichstätt. Seine Saat dort scheint allerdings erst im 10. Jh. aufgegangen zu sein, als Reginold sein Reimoffizium zu Ehren des heiligen Nikolaus schrieb.

Spätmittelalterliche Nikolausstatue in französischer Darstellungsweise aus der Pfarrkirche in Ramsbeck (Sauerland). Herkunft unbekannt.

droht den Mädchenräuber zu erschlagen. Aus der anderen Richtung taucht eine Räuberbande auf, die in einer Herberge auf sein Geld aufmerksam geworden, ihn ebenfalls umbringen und das Mädchen mitnehmen möchte. Von zwei Seiten vom Tode bedroht, fleht er Nikolaus um Hilfe an, der ihn augenblicklich in einem hohlen Baum verbirgt. Die Knechte töten die Räuber und der Vater kann seine Tochter wohlbehalten zurückbringen. Der Student, läßt der Erzähler wissen, habe auch seine Lektion gelernt und sei zeitlebens ein dankbarer Verehrer des heiligen Nikolaus geblieben.

Während in der Geschichte Zeitkolorit und Wundersucht bereits den religiösen Kern zu überwuchern beginnen, gibt doch gerade die sie überliefernde Handschrift einen seltenen Einblick in die Gestaltung der kirchlichen Feier des Nikolaustages in einer Kloster- oder Domschule der damaligen Zeit. Die in altfranzösisch geschriebenen 169 Strophen der Nikolausvita und seiner neuen Wunder werden in regelmäßigen Abständen von lateinischen Sätzen aus dem biblischen Buch Jesus Sirach unterbrochen. Zusammengefügt machen diese Sätze die liturgische Lesung bei der Meßfeier zu Ehren eines heiligen Bischofs aus, die damals und bis ins 20. Jahrhundert für den Nikolaustag vorgesehen war. Wie sich aus der Einleitung des langen Gedichtes ergibt, wurde es tatsächlich während der Messe vorgetragen, verschränkt mit den Sätzen der biblischen Lesung. Indirekt läßt die eigentümliche Handschrift also einen Blick in einen mittelalterlichen Schulgottesdienst tun. Für die mitfeiernden Scholaren dürften die Nikolausgeschichten in ihrer Muttersprache damals um einiges unterhaltsamer und einprägsamer gewesen sein und vielleicht zur Festfreude mehr beigetragen haben als der lateinische Bibeltext. Von solchen Vorträgen war der Weg nicht weit zu szenischen Darstellungen.

Bereits eine Chronik des 12. Jahrhunderts aus der Abtei Bec in Nordfrankreich weiß von der Gewohnheit, daß ein Klosterbruder sich verkleidete und die Rute gebrauchte. Auch dazu hatte man der Tagesliturgie die Anregung entnommen. Der Brauchtumsforscher W. Mezger erinnert daran, daß mindestens seit dieser Zeit die Leseordnung der Messe für die Feste heiliger Bekenner, und natürlich auch für den Nikolaustag, zum Evangelium das Gleichnis von den Talenten (Mt 25,14-23) vorsah, in dem es heißt: „Nach langer Zeit kehrte der Herr zurück, um von den Dienern Rechenschaft zu verlangen." Da lag es nahe, Nikolaus die Abrechnung halten zu lassen, eine Aufgabe, der er sich bis heute unterziehen muß. In kaum einer Schule oder Familie erscheint der Nikolaus ohne über gute und böse Taten moralisierend oder augenzwinkernd zu urteilen. Dämonenfurcht und Teufelsglaube des Mittelalters führten auch dazu, Nikolaus, in Erinnerung an seine Macht über die Dämonen, einen gebändigten Dämon als Diener beizugeben, der dann auch das Strafen zu besorgen hatte (vgl. Kap.4).

In diesem Zusammenhang ereignete sich in der Nikolausgeschichte erneut eine folgenreiche Verwechslung und Vermischung. In vielen Domschulen hatte es zum Fest der unschuldigen Kinder, am 28. Dezember, den Brauch gegeben, einen Tag lang einen Schüler spielerisch an die Stelle des Bischofs treten und das Regiment übernehmen zu lassen. Dieser Brauch verband sich mancherorts mit der Nikolauseinkehr. So bot sich zwar ein Anlaß, Eifrige zu belohnen und Mittellosen durch Spenden zu helfen, die Praxis allerdings führte rasch zu Auswüchsen und brachte den Heiligen in Zusammenhang mit mutwilligen Schülerstreichen. Nicht selten kam es an solchen Tagen, wie leicht bei ausgelassenen Kinderspielen, am Ende zu Raufereien und Tränen. Die Überlieferung weiß von allerlei kirchlichen Verboten „aus gegebenem Anlaß".

Im Bewußtsein blieb immerhin die Gestalt des Bischofs, der sich der Rechtlosen und Notleidenden annimmt, wenn sich auch die Nikolausverehrung von der historischen Gestalt, von der ohnehin nur wenig bekannt war, immer weiter abzulösen begann. Heutige Versuche, an den Brauch der Kinderbischöfe wieder anzuknüpfen, bemühen sich, nicht nur das bunte Spiel aufzugreifen, sondern auch die aus christlicher Zuversicht erwachsende mutige Verantwortungsbereitschaft wahrzunehmen und anzuregen (vgl. Abb. S. 47).

Bari und die Folgen

Bari, Hafenstadt in Süditalien mit heute ca. 400 000 Einwohnern, gehörte bis 1071, bis zur Eroberung der Stadt durch den Normannenherzog Robert Guiskard, zum Byzantinischen Kaiserreich, das diesen westlichen Vorposten durch den Sitz eines Statthalters ausgezeichnet hatte. Die neuen Herren verlegten jedoch das Zentrum ihrer Herrschaft nach Sizilien. Bari mußte nach anderen Wegen suchen, seine Bedeutung und seine Sicherheit zu festigen. Schon in byzantinischer Zeit hatte es sich als Hafenstadt, die auf den Handel über See angewiesen war, in der Nikolausverehrung hervorgetan. Seit die Seldschuken die Küsten Kleinasiens unsicher machten, schienen manchen die Gebeine des heiligen Patrons in Myra nicht mehr sicher zu sein und schon gar nicht mehr gebührend von Pilgern besucht und verehrt. Die Bewohner von Bari hielten sich in dieser Situation für berechtigt, sich der Gebeine des Heiligen zu bemächtigen. Eine Gruppe der Barer Kaufleute beschloß, sie zu entführen, um durch den bei Gott und der Welt berühmten Heiligen ihrer Stadt neue Bedeutung und neue Sicherheit zu geben. Sie wurden im Verlauf der Aktion in ihrer Auffassung bestärkt, als sie erfuhren, daß die Venezianer schon mit gleicher Absicht unterwegs waren.

Von der Aktion der Barer gibt es zwei zeitgenössische Darstellungen, einen historisch erzählenden Bericht von dem Benediktinermönch Nicephorus, die andere, von theologischen Deutungen geprägt, aus der Feder des Johannes Archidiakonus, Sekretär des Erzbischofs Urso von Bari. Dem Bericht des Nicephorus zufolge hat sich folgendes ereignet:

Im April 1087 stach von Bari aus eine Flotte von drei Schiffen mit Getreide und anderen Handelsgütern für Antiochien in Syrien in See. Sie wollten sich, je nach Gelegenheit, auf dem Hin- oder Herweg in Myra der Gebeine des Heiligen bemächtigen und sie für immer nach Bari bringen. In Antiochien erzählte man, venezianische Schiffe seien unterwegs, die eiserne Werkzeuge dabei hätten, um das Nikolausgrab aufzubrechen und die Gebeine nach Venedig mitzunehmen. Da die Sache bekannt geworden war, kamen die Venezianer nicht zum Zuge. Die Barer schworen sich daraufhin, desto diskreter und energischer vorzugehen. Auf ihrem Rückweg legten sie demgemäß in Andriake an und ließen zunächst zwei

Bari. Westfassade der Nikolausbasilika.

mitreisende Pilger zur Nikolauskirche gehen. Als diese berichteten, es seien keine Seldschuken in der Nähe und die Bewohner der Stadt hielten sich aus Angst in den Bergen auf, teilten sie aus der Besatzung eine starke Wache für die Schiffe ein, zogen mit einer Abteilung von 47 Mann nach Myra, gaben sich den Mönchen, die die Kirche betreuten, als Pilgergruppe aus und ließen sich den Ort des Grabes zeigen. Als die Wächter ihre wahre Absicht durchschauten und Hilfe holen wollten, wurden sie gefesselt und einige forsche Barer erbrachen das Grab, bargen die Reliquien und übergaben sie zwei Priestern, die mit ihnen aus Bari gekommen waren. Die Geistlichen hüllten die Gebeine in seidene Tücher, und die Gruppe eilte zurück zu ihren Schiffen. Inzwischen waren die Wächter freigekommen, hatten die Bürger von Myra

Mittelschiff der Nikolausbasilika.

Hochaltar der Nikolausbasilika. Das Ziborium, das sich über dem Altar erhebt, wurde in der 1. Hälfte des 12. Jhs. von Steinmetzen aus Como geschaffen.

alarmiert und kamen mit einer großen Menschenmenge zum Hafen, als eben die Barer die Leinen gelöst hatten und absegelten. Die Menge brach in Wutgeschrei und Klagen aus, konnte die Schiffe aber nicht aufhalten. Nach stürmischer Fahrt und überstandener Seenot, die sie als Strafe des heiligen Nikolaus deuteten, weil einige der Matrosen Teile der Reliquien für sich beiseite geschafft hatten, erreichten sie am 9. Mai 1087 mit den wieder vollständigen Gebeinen des Heiligen wohlbehalten den Hafen von Bari. Als sich herumgesprochen hatte, welche Kostbarkeit sie mitbrachten, kam es noch im Hafen zu Auseinandersetzungen. Die einen wollten die Reliquien zur Kathedrale bringen, die anderen forderten den Bau einer eigenen Kirche zu Ehren des heiligen Nikolaus, und zwar direkt am Hafen an dem Ort des ehemaligen byzantinischen Statthalterpalastes. Der angesehene Abt Elias vom Kloster der Benediktiner konnte vermitteln, und man vertraute ihm die Reliquien an, bis sie in der zukünftigen Kirche ihren Platz finden könnten. Als der Erzbischof, der bei der Ankunft der Schiffe auswärts gewesen war, zurückkam, wollte er die Gebeine des Heiligen in seine Bischofskirche bringen lassen. Kaufleute und Matrosen aber, die ihren Schatz bewachten, bestanden auf der mit dem Abt getroffenen Vereinbarung, widersetzten sich der Gewalt und es gab Tote, ehe Abt Elias erneut vermitteln und die getroffene Absprache durchsetzen konnte.

Nicephorus berichtet noch von vielen wunderbaren Heilungen Kranker und Gebrechlicher, die Nikolaus in den folgenden Wochen und Monaten bewirkt habe, und

Altar über dem Reliquiengrab in der 1087–1089 erbauten Krypta der Basilika.

schließt mit einem zeugnishaften Gedanken über die Heiligen Gottes:

„Liebe Brüder, wir müssen ehrfürchtig und fromm Gott und unseren Herrn Jesus Christus tief und aufrichtig lieben und seine Gebote halten, denn er macht nach einem kurzen Erdenleben seine Heiligen zu Besitzern der himmlischen Reichtümer, während er ihre Reliquien mit großen und immer neuen Wundergaben umgibt." Bari wußte sich mit einem Hirten beschenkt, der für seine Herde über himmlische Reichtümer verfügte.

Ein späterer Bericht bezeugt, daß Abt Elias noch im selben Jahr mit dem Bau der neuen Kirche begonnen habe. Die Krypta wurde zwei Jahre später fertiggestellt. Papst Urban II. kam eigens und trug am 1. Oktober 1089 die Reliquien zu dem vorgesehenen Ort unter dem Altar der Krypta. Zehn Jahre später war das Hauptschiff der Kirche errichtet, vollendet wurde der Bau allerdings erst einhundert Jahre später.

Es war die Zeit des ersten Kreuzzuges (1095/97). Kreuzfahrerheere aus Flandern und der Normandie sammelten sich in Bari, um zu Schiff nach Syrien zu fahren. Ein Chronist berichtet, alle Ritter seien in die Krypta hinabgestiegen, um für das Gelingen ihres Unternehmens zu beten. Auch die normannischen Stadtherren von Bari schlossen sich den Kreuzfahrern an, die Jerusalem eroberten. Die gesund in ihre Heimat nach Nordfrankreich Zurückgekehrten gaben dort der Nikolausverehrung neue Impulse.

Neue Legenden entstanden und vertieften die Volkstümlichkeit des Heiligen. Die Kreuzzugsidee, die im 11. Jahrhundert von der Christenheit Besitz ergriffen hatte, wurde erst später in ihrer Problematik erkannt.

Bari entwickelte sich zum großen europäischen Wallfahrtsort. Das Fest der „Reliquienübertragung" am 9. Mai fand neben dem bekannten Nikolausfest am 6. Dezember Aufnahme auch in liturgische Bistumskalender nördlich der Alpen, zunächst in Frankreich, dann aber auch in deutschen Diözesen (z. B. Augsburg, Erfurt, Mainz, Konstanz, Trier, Worms).

Am 22. Juni 1197 – inzwischen hatten die staufischen Kaiser die normannische Herrschaft abgelöst – wurde die

Oben: Bari. Prozession mit der Nikolausstatue zur Eucharistiefeier auf der Hafenmole.
Unten: Schiffskorso im Hafen von Bari am Morgen vor dem Jahrestag der Ankunft der Reliquien.

Nikolausstatue aus der Basilika in Bari. Sie wird am 9. Mai feierlich für eine Woche in die erzbischöfliche Kathedrale übertragen.

Basilika durch den Kanzler des Heiligen Römischen Reiches Deutscher Nation, den Bischof Konrad von Hildesheim, feierlich geweiht. 1266, mit dem Ende der Stauferzeit, folgte für fast zwei Jahrhunderte mit der Herrschaft der Anjou eine Erneuerung der Verbindung zu Frankreich, bis in der Neuzeit die Stadt durch wechselhafte Herrschaften in einen allmählichen Niedergang hineingezogen wurde. Erst in den 20er Jahren des 20. Jahrhunderts gelang in Bari die seit langem notwendige Restaurierung der Nikolausbasilika, in der alle barocken Überformungen des mittelalterlichen Bauwerks beseitigt und Stabilität und Monumentalität der Kirche gesichert wurden. Die Bewahrung der von Anfang an direkt dem Papst unterstellten Basilika litt aber bis 1929 unter staatskirchlichen Auseinandersetzungen in Italien. 1951 beauftragte Papst Pius XII. den Dominikanerorden, der seither Kirche, Wallfahrt und Nikolausforschung betreut.

Das vom 7.–9. Mai über drei Tage gefeierte Volksfest der Ankunft der Nikolausreliquien überstand alle diese historischen Wechselfälle. Bis heute wird es mit großer Anteilnahme von Einheimischen und Besuchern gefeiert. Pilger kommen zum Fest, Familien mit Kind und Kegel

schlagen für zwei Tage ihr Lager im Hafengebiet auf und Marktstände säumen die Straßen. Am ersten Abend des Festes bewegt sich ein Festzug mit historischen Wagen durch die Altstadt zum Platz vor der Basilika, wo Szenen aus der Reliquienübertragung und aus den Legenden nachgespielt werden. Am nächsten Morgen folgt eine Prozession mit der berühmten Nikolausstatue aus der Basilika, begleitet von Garden, Honoratioren, Pilgern und Bruderschaften zum Hafen, wo man sich zur Meßfeier versammelt. Das Wasser des Hafens ist von zahllosen Farbflecken bedeckt, hunderte von kleinen Booten, die die Ankunft des Heiligen erwarten, dessen Statue sich nach der Messe bis zum Abend auf einem eigenen Boot zu ihnen gesellt. Am 9. Mai folgt dann die Prozession mit der Statue durch die Straßen der Altstadt zur Kathedrale, wo sie als versöhnliche Erinnerung an die alten Auseinandersetzungen für eine Woche bleibt. Sie erscheint nach dem Voraufgegangenen wie eine Pflichtübung, begleitet nur noch von Fahnenabordnungen der Bruderschaften. Kaum jemand am Straßenrand nimmt Notiz davon. Während sich der Zug durch die engen Straßen quält, geht das Leben in der modernen Neustadt unberührt weiter. Ein alter Brauch scheint hier zur leeren Geste geworden zu sein, an der das Leben vorbeigeht. Bari wird neue Ideen entwickeln müssen, um sich seinem Heiligen nicht zu entfremden.

Oben: Ochsenskulpturen am Portal der Basilika. Nach der Legende sind die Ochsen mit dem Wagen der Reliquien an dieser Stelle unverrücklich stehen geblieben. Es wurde als Hinweis genommen, dies sei der Ort für den Bau der Basilika.
Unten: Nächtliche Inszenierung vor der Basilika zum Fest der Reliquienübertragung.

Fahnenschwenker bei der nächtlichen Feier vor der Basilika.

Myron/Manna In den Nikolausüberlieferungen ist von Beginn an von einer als heilsames Öl bezeichneten Flüssigkeit die Rede, Myron genannt, die seinem Grab entquoll und von den Pilgern als kostbarer Besitz mitgenommen wurde. Die Menge der aus dem Grab abgesonderten Flüssigkeit wurde durch häufige Ölspenden, von denen ein kleiner Teil nicht der Speisung der Lampen diente, sondern durch eine Öffnung in das Grab gegossen wurde, erheblich vergrößert. Nach der Übertragung der Reliquien nach Bari erlosch dieser Strom nicht, sondern setzt sich bis heute fort. 1163 erhielt Kaiser Barbarossa als Gabe aus Bari eine Phiale mit dem Myron. In einigen Orten, beispielsweise in Worms und in der Abtei Bec in der Normandie werden solche Phialen als Reliquien aufbewahrt. Unter dem heute gebräuchlicheren Namen Manna erhalten die Baripilger alljährlich am zweiten Tag der Übertragungsfeierlichkeiten ein wenig von der wasserklaren Flüssigkeit, von der man einen Teil anläßlich der Feiertage auch nach Saint-Nicolas-de-Port und andere Nikolauswallfahrtsorte sendet. Manche haben sich für das immer noch gelegentlich Gesundheit schenkende Manna eigens verzierte Gefäße geschaffen. Den alten Namen Myron brachte man mit dem Fluß Myros in Zusammenhang, und das Nikolaus-Myron wurde exemplarisch und namengebend für ähnliche Erscheinungen an anderen Wallfahrtsorten.

Verzierte Flasche zur Aufbewahrung des Nikolaus-Manna.

Reliquienverehrung *(von lat. reliquiae – Überreste)* findet man in allen Religionen. Sie geschieht aus unterschiedlichen Beweggründen: als Ahnenverehrung, als Folge aus dem Glauben an ein Weiterleben nach dem Tode und aus einer ganzheitlichen Anthropologie, nach der die Seele auch im Tode mit dem Körper in einer gewissen Verbindung steht und ihre Kraft in den Überbleibseln wirksam bleibt. So wurden über den Gräbern christlicher Blutzeugen Altäre und später Kirchen errichtet. Nach den von Ägypten geprägten Vorstellungen durften Körperteile, sog. Primärreliquien, bis zum Ende des 1. Jahrtausends nicht abgetrennt werden. Die Erinnerung daran spricht aus einer Episode des Berichts über den Reliquienraub von Bari. Als Sekundärreliquien gelten alle Gegenstände, die mit dem Heiligen oder seinem Grab in Berührung gekommen sind. Wegen der bleibenden Verbindung zur Seele erwartet man von den Reliquien Wunder wie vom Heiligen selbst. Reliquien zu besitzen galt darum als himmlische Sicherheit. Ansehen und Macht des Heiligen strahlte im Mittelalter auf die Kirche bzw. die Stadt aus. Weit mehr als die nüchtern-rationale römische Antike förderte naiv-magisches Denken des Mittelalters einen Reliquienkult, der Glaubensleben und Verkündigung des Heiligen in den Hintergrund treten ließ, ihn vielmehr für allerlei Problemlösungen in Anspruch nahm. Die Mehrzahl der in Reliquienverzeichnissen genannten Nikolausreliquien dürfte das von Pilgern mitgebrachte Myron/Manna betreffen. Neben Bari behaupten u.a. folgende Orte von sich, Primärreliquien des Heiligen zu beherbergen: Antalya, Saint-Nicolas-de-Port und Petersburg.

Heiliger der Ökumene

Thronender Nikolaus. Wahrscheinlich älteste erhaltene Darstellung in westlicher Gewandung: mit Mitra, gotischer Kasel und Pontifikalhandschuhen. 1. Hälfte 14. Jh. Diözesanmuseum Köln.

Die biblischen Heiligen des Neuen Testamentes, Maria, Josef, Petrus, Johannes und die übrigen, sind in allen christlichen Konfessionen bekannt und angesehen, wie immer diese es mit der Heiligenverehrung halten. Darüber hinaus aber findet man mit einer einzigen Ausnahme keinen Heiligen, der über alle Kirchenspaltungen hinweg angesehen und verehrt ist. Diese Ausnahme bildet Nikolaus von Myra, und diese Ausnahme könnte ihn zum verbindenden Beispiel gelebten Christseins, zu einem Symbol der Einheit machen.

Als Bischof von Myra in Kleinasien in frühbyzantinischer Zeit gehört er seinem Ursprung und Namen nach zu der alten Kirche des Ostens. Außer in Myra und einigen weiteren Orten Lykiens hat in der Hauptstadt des Ostens, Konstantinopel die erste seinem Namen gewidmete Kirche gestanden. Sein Ruf aber ist früh über den byzantinischen Raum hinausgedrungen. In spätkarolingischer Zeit sind einzelne Nikolausfeiern im Westen bezeugt. Im 9. Jahrhundert trug erstmals ein Papst seinen Namen: Nikolaus I. (858–867), und im 10. Jahrhundert brachte die aus Byzanz stammende Kaiserin Theophanu die Nikolausüberlieferung aus ihrer Heimat mit ins Abendland.

Von Konstantinopel aus hat die Christianisierung Rußlands den Heiligen dort ebenfalls schon im 9. Jahrhundert bekannt gemacht. Wahrscheinlich haben um diese Zeit auch die schwedischen Waräger, verwandt mit den Normannen in Frankreich und im Mittelmeerraum, die auf ihren Beute- und Handelsfahrten über die Ostsee bis Nowgorod vordrangen, dorthin ihren Seefahrerpatron mitgebracht. Sogar nach Grönland brachten Wikinger ihren Schutzpatron und weihten ihm dort um 1000 die erste christliche Kirche.

Die Kirchenspaltung von 1054 hat die Nikolausverehrung im Westen nicht beeinträchtigt, und der Raub der Reliquien durch die Barer 1087 hat die Verehrung im Osten nicht zum Erliegen gebracht. Spätere Ikonen zeigen die Überführung nach Bari als Station des Nikolauslebens ohne Anzeichen der Mißbilligung, und im Westen gehen lange Zeit Nikolausdarstellungen nach Art der Ikonen und Darstellungen als Bischof nach westlicher Tradition mit Mitra und Stab nebeneinander her. Zur Feier des 800jährigen Jubiläums der Weihe der Basilika in Bari, 1997, kamen dort Vertreter östlicher Patriarchate, westlicher Bischofskonferenzen und evangelischer Kirchen zusammen und schlugen vor, Nikolaus zum Patron des Mittelmeeres zu erklären.

Erstaunlicher noch ist, daß Nikolaus auch die abendländische Glaubensspaltung in der Reformation überstanden hat. Obwohl es im 15. Jahrhundert allerlei Mißbrauch und Entartung in der Heiligenverehrung gab, und obwohl Luther die Anrufung der Heiligen um ihre Fürbitte abgelehnt hatte, konnte das der Popularität Nikolaus' nichts Wesentliches anhaben, wie evangelische Nikolaikirchen aus vor- und nachreformatorischer Zeit in großer Zahl bezeugen. Im Volksbrauch zum 6. Dezember wurde von den Reformatoren, oft in teilweiser Unkenntnis der Herkunft, der Akzent auf den Ruprecht gelegt, um der suspekten Heiligenverehrung zu entgehen. Zwar trat an die Stelle des Gabenbringers Nikolaus nicht nur in evangelischen Gegenden vielfach zu Weihnachten das „Christkind", viele Kinderbräuche zum Nikolaustag aber erhielten sich. In Holland versuchten rigoristische Behörden vergeblich volkstümliche Nikolausbräuche per Gesetz und Strafandrohung abzuschaffen. Die mit Nikolaussymbolen gestalteten „Koekjes" beispielsweise waren so beliebt, daß sie selbst zu den Auswanderern in die Neue Welt geliefert werden mußten und sich bis heute in dem amerikanischen Wort „cookie" verbergen. Den Namen Nikolaus und seine religiöse Verehrung vermieden die zumeist protestantischen Einwanderer allerdings zunächst, bis die Tradition im 18. Jahrhundert wiederentdeckt wurde. In England schafften die Puritaner zwar die Tradition des „boy bishop" ab, die Nikolausverehrung aber blieb auch dort erhalten. Viele anglikanische Kirchen sind Nikolaus geweiht. Er blieb bekannter, respektierter und beliebter Glaubenszeuge, dessen Geschichte jenseits aller dogmatischen Verschiedenheiten ein unvergessenes und herausforderndes Beispiel christusförmigen Lebens bot.

Oben: Übertragung der Gebeine des Nikolaus nach Bari. Vitenbild aus einer russischen Ikone des 15. Jhs. (vgl. S. 86).

Unten: Nikolausbasilika Bari. In der linken Apsis der Krypta, neben dem Nikolausgrab, die 1967 eingerichtete orientalische Kapelle. Seither können orthodoxe Wallfahrer in der katholischen Basilika ihre eigene Eucharistiefeier halten.

Maria zwischen Nikolaus und dem Evangelisten Johannes. Neubyzantinisches Altarbild von Rico da Candiia, 16. Jh. Nikolausbasilika Bari.

Wenn von der Nikolaikirche in Leipzig 1989 die Bewegung für die Freiheit des einen Volkes ausging, war das kaum ein Zufall. Wenn ein evangelischer Pfarrer am 5. Dezember im Radio eine Morgenandacht zum Leben des heiligen Nikolaus hält, wenn die evangelische Bischöfin Maria Jepsen in Hamburg Kinder auf Nikolaus' Spuren aussendet, wenn Hermann Goltz, evangelischer Professor für Ostkirchenkunde in Wittenberg, einen Hymnus zu Ehren des heiligen Nikolaus veröffentlicht, zeigt das die ökumenische Bedeutung und Lebendigkeit des Heiligen.

Nikolaus von Myra ist mehr als ein Mythos. Er ist bruchloses Symbol christlicher Einheit, wirksam aus den Quellen des Glaubens schon vor allen ökumenischen Initiativen und Anstrengungen. Er könnte ein Geschenk für die Gegenwart der Kirche sein. Er könnte mit der Fülle seiner Überlieferungen zum Modell versöhnter Vielfalt und gelebter Einheit werden, wenn wir ihn uns nicht von Werbung und Unterhaltungsindustrie, die immer auf der Suche nach populären Figuren sind, wegnehmen lassen.

Briefmarke der ehemaligen DDR zur Wende. Sonderausgabe zum 28. 2. 1990.

Nikolaushymnus

Wer von uns Christen
seine Augen nicht völlig verschließt
ob Römer,
ob Wittenberger,
ob Moskauer,
der erblickt den heiligen Nikolaus
den Heiligen Gottes,
von des Leibe
Ströme lebendigen Wassers fließen.
wie Christus
seinen Gläubigen verheißen hat.

Die Leipziger Demokraten achteten kaum
auf den Heiligen
die Staatssicherheit hatte ganz vergessen
den Heiligen
in Sicherheitsverwahrung zu nehmen.
So tat er still seine Arbeit
und alle wunderten sich
über die Gewaltlosigkeit
und über die Friedlichkeit
des Umsturzes im Spätherbst 1989
um Sankt-Nikolai
von des Leibe
Ströme lebendigen Wassers fließen.

Aus einem Hymnus von Hermann Goltz,
nach P. Imhoff, Nikolaus

Evang. Nikolaikirche in Wismar. Modell eines alten Kauffahrteischiffes als Symbol der Bitte um den Schutz des Heiligen.

Zeitungsbericht: Einsetzung von drei „Kinderbischöfen" an St. Nikolai vom 6. bis zum 28. Dez. durch die Bischöfin Maria Jepsen am 5. 12. 1994. Die Aussendung geht in Hamburg auf eine Tradition des 14. Jhs. zurück (Urkunde vom 7. 12. 1304 im Stadtarchiv). Die Kinderbischöfe setzen sich während ihrer Amtszeit für die Belange der Kinder in Kirche und Gesellschaft ein.

Drei „Kinderbischöfe" für Hamburg

Gefeiert, vertölpelt und verkauft

In seiner Heimat ist Nikolaus heute unter dem Namen Noel-Baba bekannt, Weihnachtsmann, sprachlich zusammengesetzt aus Französisch *(Noël = Weihnachten)* und Türkisch *(baba = Vater, Väterchen)*. Man trägt mit dieser Bezeichnung dem westlichen, touristischen Interesse Rechnung, ohne irgendeine Beziehung zu der christlichen Antike auf dem Boden des eigenen Landes zu entwickeln. Immerhin gibt es gelegentlich unter dem Namen Noel-Baba internationale Jugendtreffen.

Auch das türkische Interesse an der Nikolauskirche in Myra ist rein kunsthistorisch. Man hat erkannt, welche Schätze im Boden des eigenen Landes ruhen und möchte sie nutzen und bewahren. So kommt am Eingangstor zur Nikolauskirche in Myra sogar sein alter griechischer Name in türkisch angeglichener Schreibweise zu Ehren: Ayos Nikolaos.

Ein freundlicher türkischer Rentner in Fetiye in Lykien, der lange Jahre in Deutschland gearbeitet hat, meint verbindlich: „Wir haben die Derwische, ihr habt die Nikoläuse. So ist da kein großer Unterschied." Während er immerhin noch zwei religiöse Traditionen miteinander vergleicht, wenn auch der Inhalt ziemlich unklar bleibt, geht das Vergessen im Westen trotz seiner christlichen Tradition offenbar viel weiter. In den USA äußern Kinder heute die Vermutung, „Santa Claus" mit Pelzmütze und Rentierschlitten komme vom Nordpol. „Wo der Weih-

Der große Nikolaus aus dem „Struwwelpeter“ nach der Zeichnung von Heinrich Hoffmann, 1845.

nachtsmann wohnt“ erzählen Kinderbücher in zahlreichen Auflagen seit Jahren auch in Deutschland, teils in Comics, teils mit romantischen Schneebildern. Man amüsiert sich über den gutmütigen Alten mit dem freundlichen Gesicht, der gut ist für einen an die Gefühle gerichteten Verkaufsappell und sich als Logo für die winterliche Geschenkezeit eignet. Kaum jemand in der jungen Generation weiß jedoch noch, daß dahinter eine historische Person steht. In Deutschland gilt der freundliche Alte als so vertrottelt, daß jemand, der einen anderen als Weihnachtsmann tituliert, vor Gericht wegen Beleidigung bestraft wird.

Die Veränderung begann in Europa mit der Entleerung der kirchlichen Bräuche und der Ablösung der Erziehergestalt Nikolaus vom kirchlichen Fest. Der Weg ist historisch recht genau nachvollziehbar.

Bereits im Mittelalter bekam die Nikolauseinkehr in französischen Klosterschulen einen verstärkt pädagogischen Akzent. Die Nikolaus beigegebene, unter vielen Namen auftretende dunkle Kontrastgestalt, die das Strafen zu besorgen hatte, lud zu allerlei Exzessen und groben Späßen ein. Die Vereinnahmung des Bischofs von Myra durch Erzieher machte aus dem christlichen Heiligen im Gefolge der Aufklärung schließlich einen Moralprediger und zuweilen einen bösen Kinderschreck. Vielleicht bekanntestes Beispiel aus dem 19. Jahrhundert ist der große Nikolaus aus dem Struwwelpeter, der die spottlustigen Kinder in sein Tintenfaß steckt, wobei das pädagogische Anliegen, gegen die Rassendiskriminierung anzugehen, in dem christlichen Heiligen gewiß einen überzeugten Verfechter fände.

Nikolaus als Patron der Kaufleute und Seefahrer blieb von all dem zunächst unberührt. Forschungen der letzten Jahrzehnte zur städtischen Verfassungsgeschichte haben sogar einen Zusammenhang zwischen Nikolauspatronat und mittelalterlicher Stadtentstehung aufgewiesen. Im

Dank dem Weihnachtsmann Wieso eigentlich entwickelt der Weihnachtsmann eine solche Vitalität und Langlebigkeit? Er ist die Dezemberreligion der Konsumwelt. Vom historischen Nikolaus hat sich die Gestalt völlig gelöst. Trotzdem lebt die populäre Figur offenbar aus tiefreichenden religiösen Quellen. Sie zeigt vitale Bedürfnisse der Gesellschaft, die von der christlichen Verkündigung nicht erreicht werden. Was die gestalterisch kunstlosen Weihnachtsmannkreationen alljährlich suggerieren, ist ein Gefühl der Wärme in der kalten Jahreszeit, ist ein freundliches Licht in den dunklen Monaten, ist das Herz einer herzlosen Welt. Niemand sonst scheint diese Botschaft zu vermitteln. Der Weihnachtsmann ist mehr als das Signal, nun sei wieder Zeit der Romantik, Zeit, ans Schenken zu denken; und, wer es versäume, müsse sich ein schlechtes Gewissen machen. Er ist ein komplizenhaft geheimes Ja zu den von der Vernunft verbotenen Hoffnungen auf eine bessere Welt, in der man ungestraft leichtsinnig gutmütig sein darf. Erst in dem Echo, das er auslöst, wird er lebendig und dieses Echo ist eine Anfrage an die etablierte Religion. Die Popularität des Phantoms vom Weihnachtsmann übertrifft heute den in den Kirchen gehüteten Nikolaus um ein Vielfaches. Es ist die Popularität der Anfrage gegen die Popularität der vorgefertigten Antwort. Nikolaus' Popularität verdankt sich gegenwärtig weitgehend diesem Mythos, kaum kirchlicher Tradition und christlicher Verkündigung. Man könnte neu beginnen wie Paulus auf dem Markt von Athen: „Was ihr verehrt, ohne es zu kennen, das verkünde ich euch.“ (Apg 17,23)

Metall-Spielzeugfigur.

Oben: Amerikanische Weihnachtskarte um 1900, Herkunft unbekannt.
Unten: Nikolaus mit Kindern. Statue von Hlezonar bei der Nikolauskirche von Myra, 1981. Die kompakte Darstellung interpretiert Nikolaus weltlich als pionierhaft-mythische Figur.

12. Jahrhundert gab es vor allem in Sachsen beispielsweise in Leipzig und Görlitz, aber auch in Westfalen, entlang der Ostsee und bis nach Nowgorod an Fernstraßenkreuzungen und Flußübergängen eine große Zahl von Nikolauskirchen. Sie entstanden in Siedlungen der Fernhandelskaufleute außerhalb bestehender Pfarreien und grundherrlicher Patronatsrechte als Genossenschaftskirchen der Kaufleute und ihrer Familien, die auf den Schutz des Heiligen vertrauten.

Diese Kirchpiele mit eigenen Friedhöfen lagen in der Regel zunächst außerhalb der ältesten Stadtmauern. Kaum jemand sonst war wie die Fernhändler auf Treu und Glauben angewiesen. Rechtsmittel, wie die Territorialherren sie hatten, fehlten ihnen. Die Legenden wissen von Juden und Muslimen, die durch Nikolaus den Schutz ihrer Rechte erfahren hatten. Der Heilige, der sich über Grenzen und Religionszugehörigkeiten hinweg als Schützer der Rechtlosen erwiesen hatte, war ihr himmlischer Beistand.

Ihren Höhepunkt erreichte die Nikolausverehrung der Kaufleute in der Blütezeit der Hanse. Das Altarbild Conrads von Soest in der Nikolaikapelle der Hansestadt Soest ist dafür herausragendes Beispiel. Nächst Maria geht hier wie im Osten Nikolaus allen anderen Heiligen voran.

Das Aufblühen der Seefahrt nach der Entdeckung Amerikas brachte Nikolaus als Patron der Seefahrer noch einmal besonders zu Ehren. Columbus nannte bei seiner ersten Landung in Haiti den ersehnten Anlegeplatz St.-Nikolaus-Hafen. Ebenso hielten es

die Spanier in Florida mit dem heutigen Jacksonville. Die nach der Reformation eintreffenden protestantischen Siedler vermieden zunächst alle nichtbiblischen Heiligennamen. Die Sache mit der Nikolauskirche, die die Holländer der ersten Einwanderungswelle in Neu Amsterdam/New York gebaut haben sollen, ist, wie Charles W. Jones nachwies, Legende, romantisches Wunschdenken. Im Gedächtnis blieben den Kaufmanns- und Siedlerfamilien jedoch der Kinderfreund und die Erinnerung an heimatliche Bräuche. Die Vorliebe des frühen 19. Jahrhunderts für romantische Geschichten tat ein übriges. „Santa Claus" kam bei Traditionsvereinen in Manhattan in Mode. Hatte man in den Niederlanden noch am Nikolausabend die Holzschuhe aufgestellt, gefüllt mit Heu und Stroh für Nikolaus' Reittier und als Gegengabe morgens ein paar Süßigkeiten gefunden, so hing nunmehr nur der leere Socken neben dem Kamin. Nikolaus wurde zum Kobold, der im Rentierschlitten fährt und durch den Kamin kriecht.

Ein Nikolausgedicht des Dr. Clement Clarke Moore, das er 1822 für seine Kinder geschrieben hatte und das von einem Gast des Hauses im folgenden Jahr in die Zeitung gesetzt wurde, prägte die amerikanische Vorstellung von Santa Claus für alle Zukunft. Die Geschichte mit den Rentieren hatte er nicht erfunden, sondern aus einer Veröffentlichung im Jahr zuvor aufgegriffen. 1897, im Herbst, vertraute ein achtjähriges Mädchen seine Sorge, ob der Nikolaus denn wirklich existiere, dem Briefkastenonkel der New York Sun an, der ohne viel Kenntnis

Oben: Weihnachtswerbung der Deutschen Telekom 1997.
Unten: Weihnachtsmann der Coca-Cola-Werbung gestaltet nach Entwürfen von Haddon Sundblom, 1931.

väterlich und phantasievoll antwortete und damit noch einmal prägend für das Nikolausbild amerikanischer Kinder wurde. Von der alten Geschichte war nun außer dem Kaminhuschen fast nichts mehr übrig. „Santa" als freundlicher Kindertraum von „love and generosity" machte Karriere und trat in zahllosen Kinderbüchern auf. Rot, grün und golden wurde er vielfältig illustriert, bis sich 1931 Coca-Cola seiner bemächtigte.

Die Firma hatte Haddon Sundblom beauftragt, eine Weihnachtsanzeige zu erarbeiten, in die die Vorstellung von Santa, dem Weihnachtsmann, einbezogen werden sollte. So entstand die freundlich harmlose Gestalt in Coca-Cola-Rot. Sie erwies sich als so einprägsam, daß inzwischen auch in Europa

Lebensmittelgeschäfte, Deutsche Telekom und nahezu jedermann sich des Weihnachtsmannes im pelzbesetzten roten Mantel bedienen.

Am Ende ist es eine Erfolgsgeschichte, deren Grund kaum jemand mehr kennt. An der Verweltlichung und Entleerung haben christliche Familien und Gemeinden mit klamaukartigem Brauchtum kräftig mitgewirkt. Der Bischof von Myra, dem Millionen Mädchen und Jungen ihren Vornamen verdanken, ist allmählich zum Phantom Weihnachtsmann geworden, dies umso leichter, als sich die Verehrung schon im Mittelalter von der Person des Heiligen gelöst und verselbständigt hatte. Aus dem christlichen Heiligen wurde ein beliebter Mythos. Dennoch, unsere Welt ist ärmer ohne Nikolaus von Myra.

Lebendige Legenden

Mädchen und Frauen aus Bari in historischen Gewändern verteilen Brot an Kinder. Szene aus der nächtlichen Vorfeier zum Fest der Reliquienübertragung am 9. Mai vor der Nikolausbasilika in Bari, 1998.

Literarische Form

Wenn wir die Nikolauslegenden auf ihren historischen Wahrheitsgehalt befragen, dann bleibt kaum etwas. Daß man wohlmeinend und ängstlich versucht hat, Heiligenlegenden als Historien zu retten, hat nicht wenig dazu beigetragen, sie in Verruf zu bringen. Historisch erfährt man aus ihnen mehr über Denken und Glauben, Handel und Wandel, Leben und Erziehen ihrer Entstehungszeit als über die Zeit, in der Nikolaus lebte. Manche Nikolauslegenden beanspruchen auch gar nicht, Nachrichten aus der Lebenszeit des Heiligen zu enthalten, sie erzählen von seinem Nachleben, wie er noch Jahrhunderte nach seinem Tod wirksam wurde für Menschen, die sich an ihn wandten.

Legenden sind keine Reportagen. Oftmals sind sie auch gar nicht von einem einzelnen Verfasser geschrieben. Jemand macht einen Anfang; der Keim beginnt zu wachsen; später sammelt vielleicht ein Schriftsteller das Material und fügt es zu einer „vita", einer Lebensbeschreibung, zusammen.

Literarisch sind die Legenden mit Parabeln und Gleichnissen näher verwandt als mit Berichten und Reportagen. Wie im Gleichnis etwas Alltägliches, in der Parabel ein besonderes Ereignis Bild für eine Glaubenswirklichkeit werden, die sonst unanschaulich und weltfremd bliebe, so sind Legenden Geschichten vom beispielhaften und erhellenden Glauben eines Menschen.

Niemand interessiert sich dafür, wo das, was in einer eindrucksvollen Parabel erzählt wird, wirklich so passiert ist. Es spricht nichts dagegen, daß jemand ein Gleichnis selbst erfindet. Die tiefere Wahrheit, die er aussprechen will, hängt nicht von einer zufälligen Tatsächlichkeit ab, sie umgreift mehr.

Mit Legenden ist es ähnlich. Auch sie umgreifen mehr als einen längst vergangenen historischen Kern und ein zufälliges Ereignis. So wollen z. B. Nikolauslegenden zunächst einmal erfreuen, wie jener Bischof Menschen erfreut hat und weil er es getan hat. Die Legendenerzähler schmücken seine Großherzigkeit aus, dankbar, daß sie einer Großherzigkeit begegnet sind, in der die Großherzigkeit Gottes sichtbar wurde, so daß Menschen wieder daran glauben, darauf hoffen können. Legenden leben von der Spannung zwischen Realität und Ideal. Sie bringen die Widerfahrnisse unserer Welt, denen wir uns immer wieder ausgeliefert sehen, in Verbindung zu einem Menschen, aus dessen Taten die Überzeugung spricht, daß dieses irdische Geschick nicht das letzte Wort ist.

Theologische Deutung

Legenden sind Glaubensgeschichten. Sie erzählen vom Glauben eines Menschen. Sie deuten, was in seinem Tun sichtbar wurde. Christliche Legenden erzählen den Glauben der Kirche in Geschichten von Zeugen. Was der Katechismus in trockenen Fragen und Antworten lehrt, das schildern sie konkret in fesselnden Geschichten. Sie kleiden den Glauben in Gewänder ihrer Zeit und lassen ihn widerscheinen auf den Mauern der Alltagswelt. Sie erzählen vom Wunder menschlichen Vertrauens. Glaube verwandelt Welt und Menschen und läßt sie „Unglaubliches" tun, unglaublich für den, der sich nicht selbst hat anstecken lassen vom Wunder des Vertrauens.

Legenden sind Hoffnungsgeschichten. Sie erzählen von der Vergangenheit im Hinblick auf Gegenwart und Zukunft. Der Legendenerzähler ist sich gewiß, daß es sich lohnt, der vergangenen Taten zu gedenken, nicht nur, weil die Geschichten für seine Zeitgenossen unterhaltsam sind, sondern weil es Hoffnung gibt, daß sich in anderer Form von neuem ereignet, wovon erzählt wird. Erzählend macht er die Hoffnung gegenwärtig. Erzähler und Zuhörer werden hineingenommen in die Hoffnung, die Bittsteller und der Heilige gelebt haben. Wie der merkwürdige Reiz, durchs Fenster zu schauen in der Erwartung, etwas zu sehen, so macht die Hoffnung, etwas von der anderen Welt wahrzunehmen, die Faszination aus, die Legenden ausüben.

In solcher Beziehung ist die Legende dem Märchen verwandt. Auch wenn man es schon kennt, kann man es immer noch einmal lesen, weil es mehr enthält als das, was man kennen kann.

Noch in einer anderen Hinsicht sind Legenden Hoffnungsgeschichten. Zu ihrer Eigenart gehört es, einen vorbildlichen Menschen in den Mittelpunkt zu stellen und von seinen Taten zu erzählen. So nähren sie die Hoffnung, daß es so etwas gibt. Adressaten der Legende sind deshalb alle, die suchen, die traurig sind.

Legenden sind Liebeserklärungen. Sie müssen deshalb über das Alltägliche hinausgehen. Sie müssen erfinden, wie die Liebe erfinderisch ist. In der Sprache ihrer Zeit rühmen sie den Geliebten. Solche Sprache erscheint für Außenstehende befremdlich. Sie macht die Originaltexte über die Schwierigkeiten des zeitlichen Abstandes hinaus für den Unbeteiligten schwer lesbar. Es ist nicht nur eine Sache der Frömmigkeitssprache der damaligen Zeit. Auch wer Legenden heute nacherzählt, kann auf diese Sprache nicht ganz verzichten, sollen sie nicht zu unglaubwürdigen Pseudoberichten verkommen.

Liebesgeschichten sind Legenden, weil sie von der Liebe des Heiligen erzählen. Sie wiederholen nicht schriftgelehrt das Gebot der Gottes- und Nächstenliebe, sondern erzählen, wie es hineingewirkt hat in das Leben eines Menschen, wozu es ihn bewegt hat, und wie seine Liebe andere angesteckt hat. Das Evangelium von der Liebe Gottes wird in den christlichen Legenden fortgesetzt, manchmal unbeholfen, wie menschliche Liebe gelegentlich ist, unerleuchtet, wie bei den Eiferern aller Zeiten, kurios zuweilen, wie menschliche Liebe seltsame Blüten treiben kann. Manche Legenden sind schwer erträglich. Unerträglich werden sie da, wo nicht mehr genuin erzählt wird, sondern angelernt, klischeehaft nachgeahmt. Legenden erzählen heißt, von einer verwandelten Welt, von der weltlich gewordenen Liebe Gottes zu sprechen.

Schreiber der Berichte von Raub und Übertragung der Gebeine des hl. Nikolaus. Szene aus der nächtlichen Vorfeier zum Fest der Reliquienübertragung am 9. Mai vor der Nikolausbasilika in Bari, 1998.

Fragen der Moral

Wer diese Erzählungen nicht im Ganzen nimmt, sondern versucht, Einzelheiten isoliert zu bewerten, kann in Schwierigkeiten geraten. So ist es etwa bei der bekannten Legende vom Rosenwunder der heiligen Elisabeth von Thüringen. Elisabeth antwortet ihrem Schwager auf die Frage, was sie in der Schürze trage, es seien Rosen.

Wer da fragt, ob Elisabeth nicht eigentlich gelogen habe, hat die Eigenart der Legendensprache bereits verfehlt. In der Spätantike und im Mittelalter waren Rosen Symbole für gute Werke. So sagt die Legende mit dem Wort Rosen viel genauer, was ist, als wenn sie Elisabeth antworten ließe, es sei Brot; und es ist nur konsequent, daß dann der Anblick das Wort bestätigt. Im übrigen: wieviel liebenswürdiger und diskreter gegenüber der Hilfsbedürftigkeit der Armen ist der Schoß voller Rosen als ein paar vorgezeigte Brotlaibe.

Stempel der Epoche

Eine Nikolauslegende erzahlt, als Baby habe der spätere Heilige mittwochs und freitags nur einmal gegen Abend bei der Mutter getrunken, während er an den übrigen Tagen recht kräftig und regelmäßig an der Mutterbrust gesogen habe. Diese Fastengewohnheit habe er sein ganzes späteres Leben beibehalten.

Ein manchmal naivgläubiges Mittelalter mag diese Geschichte eine Weile wörtlich verstanden haben. Charakteristischer aber ist, daß sich in dieser Vorstellung ihre Epoche spiegelt. Diese Legende gibt Zeugnis von der Hochschätzung des Fastens und von der Regelung des Lebens durch eine feste Tagesordnung. Diese Ordnung nach strengen Gebets-, Arbeits- und Essenszeiten ist von den Mönchsorden gepflegt worden. Die Orden waren es auch, die das regelmäßige Fasten, nicht nur in der Vorbereitung auf Weihnachten und Ostern, sondern das ganze Jahr hindurch, empfahlen als Mittel zur Ordnung der Triebe. So ist diese Legende wahrscheinlich erst aus der Geschichte des Abtes vom Kloster Sion in die Nikolausüberlieferung gekommen.

Die meisten Legenden tragen deutliche Spuren des Umfeldes und der Epoche ihrer Entstehung. Probleme und Erfahrungen, Höhen und Tiefen, Wege und Umwege der Glaubensgeschichte werden in ihnen erkennbar. Gefahren der Seefahrt und Abenteuer der Fernhandelskaufleute spiegeln sich. Theologische Vorlieben für einzelne Glaubenswahrheiten, Frömmigkeitsformen und Vorstellungen von Heiligkeit finden ihren Niederschlag ebenso wie gesellschaftliche Strukturen und Methoden der Erziehung.

Zeitbedingt ist auch die Form der Legende selbst. Wie Fabel, Märchen, Novelle, Reportage etc. bildet sie eine der literarischen Gattungen, die im Laufe der Kulturgeschichte kommen, sich entfalten und wieder außer Gebrauch geraten. Die Blütezeit der Legenden war das Mittelalter. Reformation, Aufklärung und Rationalismus habe ihnen zu schaffen gemacht. Zwar finden Legenden noch Interesse und werden weiter erzählt, aber wer schreibt, bedient sich in der Regel anderer literarischer Formen. Man spricht noch von Legendenbildung, aber gemeint sind nicht mehr Heiligenlegenden, sondern Politiker- und Stargeschichten, die der Propaganda dienen. Die Gattung ist profan geworden und ein wenig anrüchig.

Drei Offiziere

Das Baltrumer Fenster:

Drei Gestalten knien aufrecht hintereinander.
Ihre Köpfe in den Nacken gebeugt,
schauen sie nach der Sonne, die leuchtend hoch
am blauen Himmel steht.
Die drei sind in dunkle Mäntel gekleidet.
Sie halten die Arme zum Gebet angewinkelt.
Von ihren Händen hängen schwere Ketten herab,
die an Pfählen angeschmiedet sind. Im Hintergrund
umschließt eine hohe Mauer die Gefesselten.
Drei Männer, drei Arme, drei Hände, drei Ketten,
alles scheint militärisch uniformiert.
Sie bewahren Haltung. Nur die erhobenen Köpfe
lassen innere Bewegung erkennen.
Die Phantasie muß die Gesichter zeichnen aus den
Empfindungen, die Menschen in Ketten wachrufen.
Die Linienführung des Bildes hebt die Spannung
und Ungewißheit hervor:
Nichts führt über die Mauerkante hinaus.
An wen richten die Männer ihr Gebet?
Wird die Sonne die Wahrheit ans Licht bringen?
Fällt die Mauer?

Die Fenster von St. Nikolaus Baltrum

Die 1957 von der Gelsenkirchener Innenarchitektin und Graphikerin Margarete Franke geschaffenen vierzehn kleinen Fenster im Atrium der katholischen St.-Nikolaus-Kirche auf Baltrum (Nordsee) haben alle ein gemeinsames Thema: Sie stellen Nikolaus von Myra vor und erzählen in Bildern Legenden aus seinem Leben und Wirken.

St. Nikolaus-Kirche auf Baltrum (Nordsee).

Nur in zwei Fenstern hat die Künstlerin ein Nikolausportrait gestaltet. In den übrigen Fenstern kommt der Heilige selbst nicht mehr ins Bild. Auffällig ist, daß diese Fenster überhaupt keine Gesichter enthalten. Die konturlosen Gesichtsscheiben fordern die Phantasie der Betrachter heraus. Geprägt durch deren Erfahrungen gewinnen die Köpfe vielleicht Züge heute lebender Menschen, können sie sich selbst darin wiederfinden.
Die Baltrumer Fenster gehören zu den ganz seltenen modernen Nikolausillustrationen, in denen nahezu alle alten Legenden in einer Abfolge zusammenhängend dargestellt sind. Sie schienen auch aus diesem Grund geeignet, das Leitmotiv abzugeben für die Reihe der in diesem Band ausführlich nacherzählten Legenden.

Die Erzählung

Nikolaus erscheint dem Kaiser Konstantin im Traum.
Detail aus einer nordrussischen Vita-Ikone des 15. Jhs.

Während der Regierung des römischen Kaisers Konstantin waren in der Provinz Phrygien in Kleinasien Unruhen ausgebrochen. Der Kaiser schickte eine Eingreiftruppe unter dem Befehl von drei hohen Offizieren, Nepotian, Urs und Herpylion, dorthin, um die Ruhe wieder herzustellen. Ungünstiger Wind trieb ihre Schiffe nach Lykien, und sie mußten Andriake, den Hafen von Myra, anlaufen. Die Soldaten gingen an Land, plünderten und sie machten die umliegenden Dörfer unsicher. Die Bewohner wehrten sich, waren den bewaffneten Trupps aber unterlegen. In Myra kam es zu Tumulten. Bischof Nikolaus ging auf die Straße und mahnte zu Ruhe und Besonnenheit. Es gelang ihm, die erhitzten Gemüter für den Augenblick zu beruhigen. Dann eilte er zum Hafen nach Andriake, um mit den Offizieren zu verhandeln. Die Ordnung war bald wiederhergestellt. Der Bischof lud die Offiziere ein, ihn nach Myra zu begleiten, wo man für das gute Gelingen ihres Auftrages beten wollte.

Als sie ankamen, konnte Nikolaus dort im letzten Augenblick ein Verbrechen verhindern: Der Provinzverwalter hatte sich mit Geld bestechen lassen und drei Unschuldige zum Tode verurteilt. Man machte sich gerade daran, das Urteil in aller Öffentlichkeit zu vollstrecken. Verzweifelte Bürger von Myra liefen Nikolaus entgegen und berichteten, was sich in seiner Abwesenheit dort anbahnte. Der Bischof eilte mit seinen Begleitern zum Richtplatz, entriß dem Henker das Schwert, befreite die Gefesselten und rief: „Ich bin bereit, anstelle jener zu sterben!“ Aber niemand von der Wachmannschaft wagte ihn anzurühren. Gemeinsam brachten sie die unschuldig Verurteilten zum Haus des Provinzverwalters. Als dieser sich durchschaut sah, gestand er sein Verbrechen und sollte bestraft werden. Da die drei Unschuldigen gerettet waren, wurde er aber schließlich auf Bitten der Offiziere begnadigt.

Kurz danach brach die Eingreiftruppe auf und gelangte rasch nach Phrygien. Sie stellte ohne Blutvergießen die Ordnung wieder her und kehrte zu Schiff nach Konstantinopel zurück. Die Offiziere erhielten kaiserliche Auszeichnungen, wurden aber wenig später übel verleumdet und als Verräter festgenommen. Neider hatten sie beim Polizeipräsidenten Ablabios als Hochverräter angezeigt. Ablabios ließ sich durch große Geldgeschenke blenden und verklagte sie ohne stichhaltige Beweise mit schweren Unterstellungen bei Konstantin: Der Kaiser wird so zornig auf die vermeintlichen Verräter, daß sie ohne Prozeß hingerichtet werden sollen. Im Gefängnis, im Angesicht des Todes, erinnern sie sich an die drei Unschuldigen in Myra, die Nikolaus befreit hatte. In der Nacht rufen sie in ihrer aussichtslosen Lage selbst den fernen Bischof um Hilfe an.

In derselben Nacht haben der Kaiser Konstantin und Ablabios, der Polizeipräsident, beide einen beunruhigenden Traum. Ihnen tritt ein Mann gegenüber, der sich Nikolaus, Bischof von Myra, nennt. Er fordert sie auf, die drei Offiziere augenblicklich freizulassen, weil sie unschuldig seien. Konstantin droht er, wenn er der Aufforderung nicht nachkomme, werde Gott einen Krieg gegen ihn ausbrechen lassen, in dem er selbst umkomme. Auch Ablabios droht er den Tod an und dazu schreckliches Elend für seine Familie. Erschreckt ließ Konstantin am Morgen Ablabios rufen und die Offiziere vorführen. Er beschuldigte sie, sie hätten durch Zauberei seine Nachtruhe gestört. Die Offiziere beteuerten erneut ihre Unschuld. Konstantin fragte sie schließlich, ob sie einen Bischof Nikolaus von Myra kennten. Da dämmerte es ihnen und sie begriffen, wer für ihre Unschuld eingetreten war. Sie erzählten von ihren Erlebnissen. Auf der Stelle ließ der Kaiser sie frei und sandte sie mit reichen Geschenken nach Myra, weil er vor der Vollstreckung eines ungerechten Urteils bewahrt worden war. Nikolaus wies alle persönlichen Geschenke zurück und dankte Gott, der durch ihn eine solche wunderbare Rettung vollbracht hatte.

Der historische Hintergrund

Szene zur Legende von der Rettung der Verurteilten bei den Feiern zum Jahrestag der Reliquienübertragung. Bari 1998.

Der derzeit angesehenste Experte der Nikolausforschung, Pater Dr. Gerardo Cioffari in Bari, vermutet wegen einiger eigentümlicher Formulierungen und auf Grund der Überlieferung anderer zeitgeschichtlicher Quellen, daß in dieser ältesten Nikolausgeschichte zwei ursprünglich getrennte Ereignisse zusammengeflossen sind. Die Militärexpedition gegen Aufständische in Phrygien mit den Vorkommnissen in Myra gehört danach in die Zeit des Licinius als Kaiser des Ostreiches (vor 313 n. Chr.), in der ein christlicher Bischof noch keine staatliche Anerkennung genoß, während die Rettung der drei hohen Offiziere – nach dem griechischen Text häufig Stratelaten = Feldherrn genannt – in der Zeit der konstantinischen Alleinherrschaft geschah. Die Erzählung erweist in der griechischen Textüberlieferung mit den Namen von Straßen und Plätzen in Myra so genaue Ortskenntnis, auch die Namen mehrerer der genannten Personen sind aus anderen Quellen nachweisbar, daß an einem historischen Kern der Geschichte vernünftigerweise nicht zu zweifeln ist. Auch die Taiphalen, wie die Aufständischen in den griechischen Legendentexten heißen, sind aus antiken Quellen bekannt. Es handelt sich um einen nach Phrygien versprengten gotischen Stamm, der eine Weile in römischem Sold gedient hatte. Kaiser Theodosius II. hat später versucht, die Taiphalen endgültig dort anzusiedeln.

Die Legende hat Nikolaus zum Patron der Gefangenen und Verurteilten werden lassen. Sein umsichtiges und unerschrockenes Auftreten zu einer Zeit, als er selbst noch gefährdet war, mag in manchem Einsatz von Amnesty International und ähnlicher Initiativen heute eine notwendige Fortsetzung finden.

Drei Mädchen

Das Baltrumer Fenster:

Drei junge Frauen stehen einträchtig vor einem Fenster, durch das anscheinend soeben etwas in ihr Zimmer geworfen wurde. Eine schwarze Bleilinie quer durch das Bild deutet noch die Flugbahn des Gegenstandes an. Vor dem ersten Mädchen auf einem Tisch liegen drei goldene Kugeln. Über zwei hält es seine rechte Hand, die dritte scheint gerade zu fallen Die jungen Frauen tragen lange Kleider in grün, gelb und blau: kontrastreicher Farbklang vor dem leuchtend roten Hintergrund.
Alle drei Mädchen haben den Kopf merkwürdig zurückgebeugt. Sie scheinen anstatt auf das Fenster nach oben zu schauen. Über ihrem Haus gibt es kein Dach. Ihr Dach ist der Himmel und ihr Blick trifft die helle Mondsichel am tiefblauen Nachthimmel. Warum schauen die drei nach oben und nicht aus dem Fenster? Ist es Zufall, daß sie unter freiem Himmel zu stehen scheinen?
Durch ihre Gestalten schwingt ein gleicher Rhythmus. Sie scheinen zu tanzen.
Ihre Bewegung überträgt sich auf das gesamte Bild und weist nach rechts zum Fenster.

Die Erzählung

Einige Zeit bevor Nikolaus Bischof wurde, wohnte in seiner Nachbarschaft in Myra ein Witwer mit drei Töchtern. Die Mädchen waren hübsch und alle drei hatten ein freundliches Wesen, aber, weil sie arm waren und nicht die geringste Mitgift hatten, mochte keiner der jungen Männer von Myra sie heiraten.

Ihre Familie war ehemals recht wohlhabend und angesehen gewesen, aber dann hatte eine Serie von Unglücksfällen sie getroffen. Die Mutter starb. Krankheit, geschäftliche Verluste und Zerstörungen durch ein Erdbeben hatten sie um ihren nahezu gesamten Besitz gebracht. Bei gesellschaftlichen Anlässen konnten sie nicht mehr mithalten, so behandelte man sie als Außenseiter. Die Mädchen wurden von ihren ehemaligen Bekannten geschnitten. Aber auch von den jungen Arbeitern aus Andriake, dem Hafen von Myra, traute sich keiner, eins der Mädchen zu heiraten, obwohl einige sie mochten. Sie fühlten sich den Mädchen unterlegen, weil sie andere Umgangsformen hatten.

So war der Vater in seiner verzweifelten Sorge auf die Idee verfallen, die Mädchen in ein Bordell zu schicken, damit sie auf diese Weise für sich und ihre Angehörigen den Lebensunterhalt verdienen könnten.

Währenddessen erfuhr Nikolaus von der Notlage in seiner Nachbarschaft. Er wollte helfen und er verfügte auch über die nötigen Mittel dazu. Aber, um die Unglücklichen nicht zu beschämen und sich nicht groß aufzuspielen, wollte

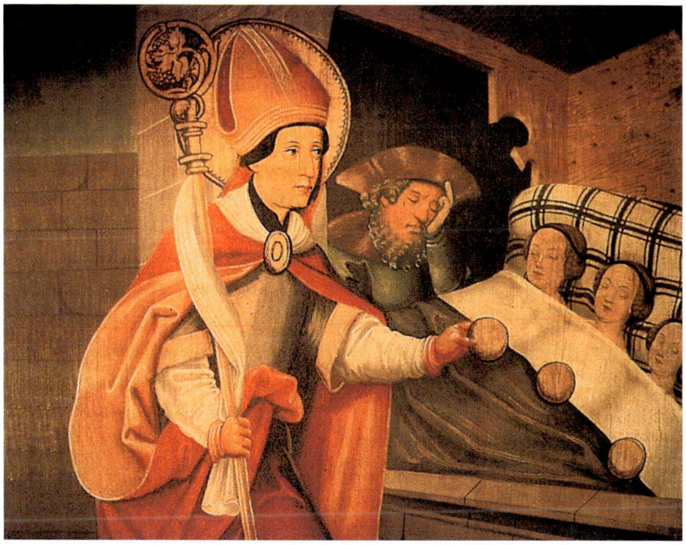

er es heimlich und anonym tun. So nahm er einen Beutel mit Goldstücken, warf ihn bei Nacht durch das geöffnete Fenster in das Haus und verschwand ungesehen. Am Morgen fand der Vater das Geld, das ihm wie ein Geschenk des Himmels kam. Er dankte Gott, schämte sich wegen seines schäbigen Planes und begann, für die älteste Tochter die Aussteuer zu beschaffen. Es fand sich bald ein Bräutigam und das Geld reichte auch noch zu einer fröhlichen Hochzeit. Als Nikolaus sah, daß seine Hilfe gut angekommen war, und die Familie das Geld wohl genutzt hatte, taten ihm die beiden anderen Mädchen leid. Er wiederholte sein heimliches Geschenk und nach einiger Zeit war auch die zweite Tochter glücklich verheiratet. Der Vater hätte gern den unbekannten Retter seiner Mädchen kennengelernt, um ihm zu danken. Im Stillen hoffte er nach allem, was geschehen war, der heimliche Helfer werde sich auch seiner dritten Tochter erbarmen. So schlief er von nun an Nacht für Nacht völlig angezogen unter dem Fenster, um sofort aufspringen und den nächtlichen Wohltäter verfolgen zu können.

Nikolaus war entschlossen, auch dem dritten Mädchen unerkannt zu helfen und warf noch einmal bei Nacht einen Beutel durch das Fenster. Von dem Geräusch wachte der Vater sogleich auf und eilte dem Flüchtenden nach. Er holte ihn rasch ein und erkannte Nikolaus, seinen Nachbarn. Überrascht und dankbar wollte er ihn in sein Haus einladen. Aber Nikolaus wehrte allen Dank ab und ließ den Vater versprechen, nichts von der Sache zu erzählen. Ohne zu ahnen, daß seine Worte sehr bald in Erfüllung gehen würden, erwiderte dieser: „Ein Mann wie du verdiente, unser Bischof zu werden!“ Später erzählten die drei glücklichen Frauen die Geschichte dann doch, und sie wurde zum Anlaß der alljährlichen heimlichen Geschenke am Nikolausabend.

Oben: Darstellung der Jungfrauenlegende aus dem Nikolausaltar des Heiligkreuz-Münsters in Rottweil, 1. Hälfte des 16. Jhs.
Unten: Jungfrauenlegende in der Darstellung einer russischen Ikone des 17. Jhs. Ikonenmuseum Recklinghausen.

Unter der Regierung Kaiser Konstantins (313–336 n. Chr.) bildeten die Christen in den Städten und Dörfern Kleinasiens zwar schon teilweise die Mehrheit, aber daneben blühten in größeren Städten auch weiter traditionelle, heidnische Kulte. Lykien war noch geprägt von den eindrucksvollen Tempeln des Appollo, der Artemis, Aphrodite und Leto, wie zwei Jahrhunderte später von christlichen Kirchen. Auch die Tempelprostitution im Kult der Aphrodite bestand besonders in Syrien und Kleinasien weiter. Tempelsklaven, überwiegend Mädchen, die als Eigentum der Götter galten, mußten dem Kult dienen. Durch den Verkehr mit ihnen glaubte man Kraft zu erlangen. Die „heilige Hochzeit" sollte die Fruchtbarkeit der Götter gegenwärtig setzen, um an ihr teilzuhaben. Den deswegen von Christen als Lästerung empfundenen Aphroditetempel über der Kreuzigungsstätte Jesu in Jerusalem ließ Konstantin abreißen; andere blieben weiter in Gebrauch. Besonders bekannt war die Stadt Aphrodisias, westlich Lykiens in der Provinz Karia gelegen, die ihren Namen von dem dort damals noch blühenden Aphroditekult hatte. Sie wurde im 7. Jh. in Stauropolis, „Stadt des Kreuzes" umbenannt.

Noch erlaubte auch das römische Recht dem Vater, Neugeborene, die ihm nicht genehm waren, auszusetzen. Wenn ein solches Kind dem Tode entging, endete es in der Sklaverei, oder mußte als Lustknabe oder Prostituierte dienen. Christen kämpften gegen diese menschenverachtende Tradition. Eine Synode um 306 in Elvira in Südspanien, der westlichsten römischen Provinz, verfügte den Ausschluß einer Mutter und ihrer mitwirkenden Verwandten auf Lebenszeit aus der kirchlichen Gemeinschaft, wenn sie ein Kind aus Gewinnsucht zur Prostitution gab. Zeitgenössische Schriftsteller wissen zu berichten, die Aussetzung geschehe meist nicht aus wirtschaftlicher Not, sondern aus materialistischem Nützlichkeitsdenken. Auch die staatlichen Behörden sahen sich veranlaßt, die Rechtsordnung in Erinnerung zu rufen. Ein Erlaß der Kaiser Diokletian (284–305) und Maximian (305–313) veranschaulicht die Situation: „Es ist offenkundig rechtens, daß (frei geborene) Kinder von ihren Eltern weder verkauft noch verschenkt noch verpfändet, noch auf irgendeine andere Weise, auch nicht bei vorgeblicher Unkenntnis des Erwerbers (Gutgläubigkeit), auf einen anderen (zu Eigentum) übertragen werden können."

Das dennoch von einer Ausnahmeregelung, die bei übergroßer Armut den Verkauf zuließ, vielfach Gebrauch gemacht wurde, legt ein Erlaß Kaiser Konstantins von 322 nahe, der bei Zahlung des Marktpreises das Recht des Rückkaufs ausdrücklich festlegt.

Die jungen Frauen, denen Nikolaus der Legende nach die Aussteuer verschaffte, wären ohne diese Hilfe in einem Bordell oder in der Tempelprostitution gelandet. Die Geschichte spielt ausdrücklich vor Nikolaus' Wahl zum Bischof, als er noch Laie war, ein wohlhabender junger Christ. Angesichts des Sextourismus wohlhabender Westeuropäer und des osteuropäischen und asiatischen Frauenhandels gewinnt die Erzählung erschreckende Aktualität. Aus der schönen Kindergeschichte wird, so gelesen, plötzlich eine Anfrage an unsere Gesellschaft und heutige Gemeinden.

Das Letoon, Hauptheiligtum Lykiens. Im Vordergrund Nymphäum aus der Zeit Kaiser Hadrians (117–138 n. Chr.).

Im Hintergrund links Tempel der Leto, 3. Jh. v. Chr. Rechts schließen sich ältere Tempel der Artemis und des Apollo an.

Die Bischofswahl

Das Baltrumer Fenster:

Die großen schwarzen Augen
des weißhaarigen Mannes blicken
ein wenig zur Seite.
Das Gesicht mit Stirnglatze und Bart
wirkt freundlich und ruhig.
Seine Ruhe strahlt Kraft aus.
Das Bild ist mit klaren, sparsamen Linien gezeichnet,
alles Zufällige tritt zurück.
Ein großer roter Heiligenschein umgibt den Kopf,
hebt ihn aus dem Alltäglichen heraus
und zeigt, daß dieser Kopf noch
einer anderen Dimension angehört.
Seine Augen aber scheinen die Welt
sehr wohl wahrzunehmen.
Über den Schultern liegt eine Art Stola,
weißgrau, schachbrettartig gezeichnet,
das Omophorion, Zeichen der orthodoxen Erzbischöfe.
Nur in diesem Bild sind die Gesichtszüge
der abgebildeten Person ausgeführt.
Es lädt nach Art der Ikonen ein
zur Begegnung.

Die Erzählung

In Myra war der alte Bischof gestorben. Die Nachbarbischöfe und Vertreter der Priesterschaft kamen zusammen, um über einen Nachfolger zu beraten. Man redete hin und her, ohne zu einem Ergebnis zu kommen. Einer der Bischöfe schlug vor, die Sitzung zu unterbrechen und vor jeder weiteren Beratung gemeinsam um einen guten Bischof zu beten. Man folgte dem Wort und beschloß den Tag mit dem Gesang der Vesper. Nachts hörte einer der Bischöfe im Traum eine Stimme: „Geh vor Tag in die Kirche und stell dich an die Tür im Vorraum. Wer dann am Morgen als erster die Kirche betritt, den halte fest. Sein Name ist Nikolaus (d. h. der Sieg des Volkes Gottes). Weiht ihn zum Bischof für Myra." In der nächsten Versammlung teilte er mit, was er im Traum gehört hatte und alle waren einverstanden, der Stimme zu folgen. Während die anderen in der Kirche beteten, wartete er an der Tür des Atriums. Im Morgengrauen kam ein Mann, um zu beten. Der Bischof begrüßte ihn und fragte nach seinem Namen. Etwas verlegen antwortete er, er sei Nikolaus, ein Bürger von Myra. Der Bischof führte ihn zu der wartenden Versammlung der Bischöfe und Priester, die ihn sogleich als neuen Bischof von Myra begrüßte. Zur Gottesdienstzeit stellten sie ihn in der Kirche dem ganzen Volk vor und berichteten, was geschehen war. Die Versammelten vertrauten ihnen. Viele kannten Nikolaus schon. Sie ließen ihn erfreut den Bischofsstuhl einnehmen, und bald sagte man: „Er trägt seinen Namen zu recht."

Die ältesten Nikolausbilder stammen aus dem 9. Jh. Es hat wahrscheinlich schon früher Nikolausdarstellungen gegeben, sie sind aber dem Bildersturm im 8. Jh. zum Opfer gefallen. Es hatte eines Konzils bedurft, des 7. allgemeinen Konzils 787 in Nizäa, um den furchtbaren Bilderstreit zu beenden. Die einen hatten sich rigoros auf das alttestamentliche Bilderverbot (Ex 20,4) berufen, die anderen auf Jesus selbst, der im Schweißtuch der Veronika sein Antlitz abgebildet habe. Die Sorge der Bildergegner, es könne magische Mißverständnisse geben, war nicht ganz unbegründet. In den Verhandlungen und Dekreten des Konzils war die Bedeutung des Bildes als Ort der Gegenwart abgeklärt worden: Ikonen wollen nicht abbilden, sondern vergegenwärtigen. Das Bild, das einen heiligen Raum schafft und nach festen Regeln immer wieder fast gleich gemalt wird, schafft eine Verbindung zu dem Heiligen, wird als Ort seiner Gegenwart empfunden. Um dieses Besondere der Ikonen zu ermöglichen, wird schon das Holz, auf das eine solche gemalt werden soll, von Gebeten begleitet nach besonderem Verfahren vorbereitet. Auch das Malen selbst ist ein Akt des Glaubens. Die Art der Baltrumer Darstellung, frontal, mit feierlich strengen Zügen, erinnert an die Ikonenmalerei der Ostkirche, aus der Nikolaus stammt.

Nikolaus wird zum Bischof geweiht. Detail aus einer nordrussischen Vita-Ikone des 15. Jhs.

Heute gibt es zahllose Nikolaus-Ikonen. Oft zieht sich um die Gestalt herum wie ein Rahmen eine Serie von kleinen Bildern, die Szenen aus seinem Leben zeigen. Von einer solchen Vita-Ikone erzählt eine Legende, die jüngste der griechischen Legenden, entstanden um 1000 in Kalabrien, der Südspitze Italiens, die damals noch zum byzantinischen Reich gehörte. Sie läßt etwas von dem bis heute entscheidenden ostkirchlichen Verständnis der Ikonen lebendig werden. Sie demonstriert aber auch eine bedenkliche, in der Kirchengeschichte gelegentlich wiederkehrende Neigung, staatlich organisierten Diebstahl unter himmlischen Schutz zu stellen und nur private Verstöße gegen das 7. Gebot zu bestrafen:

Als die Araber ihre Herrschaft in Nordafrika gesichert hatten, machten sie – wie früher die Vandalen – mit ihren Schiffen das Mittelmeer unsicher. Wo immer sich eine Gelegenheit bot, überfielen ihre Kommandotrupps raubend und plündernd die Küstenstädte. Sie machten von den Bewohnern so viele sie konnten zu Gefangenen, verkauften sie als Sklaven und nahmen ihren Besitz als Beute mit. So fiel einem Sarazenen bei einem Raubzug eine kostbare Nikolaus-Ikone in die Hände. Von einem Gefangenen erfuhr er, wen das Bild darstellte, und dass der Besitzer solange in Glück und Wohlstand lebe, als er die Ikone in Ehren halte. Hocherfreut über diese Beute machte der Mann das Bild des Heiligen zum Wächter über seine Kostbarkeiten. Er war der Meinung, auf diese Weise seien sie am sichersten bewacht. Als sie ihm trotzdem gestohlen wurden, geriet er so in Wut, daß er die Ikone beschimpfte und dem Heiligen androhte, wenn er die Schätze nicht umgehend wieder herbeischaffe, werde er sein Bild verbrennen. Nikolaus, der nicht zulassen konnte, daß seine Ikone verspottet und misshandelt wurde, erschien den Dieben, als sie gerade die Beute teilen wollten. Er verlangte von ihnen, sofort alles zurückzugeben, andernfalls werde er sie anzeigen und bei Gericht verklagen, und dann drohe ihnen der Galgen. Eingeschüchtert brachten die Diebe alle Schätze zurück. Auf den muslimischen Besitzer machte dies einen so tiefen Eindruck, daß der die Ikone küßte, sich sogleich nach der christlichen Religion erkundigte und bald mit seiner ganzen Familie gläubig wurde und um die Taufe bat. Später ließ er auf seine Kosten eine Kirche zu Ehren des heiligen Nikolaus von Myra bauen und sorgte auf diese Weise dafür, daß der Heilige auch in Afrika bekannt wurde.

Der historische Hintergrund

Die Legende von der Bischofswahl gehört zum ältesten überlieferten Bestand der griechischen Nikolausviten. Sie bewahrt zeitgeschichtliche Erinnerungen, die zu der Annahme berechtigen, sie enthalte mit ihrer Darstellung einen historischen Kern. Es war im 4. Jh. nicht ungewöhnlich, daß jemand aus dem Laienstand direkt zum Bischof erwählt wurde. Ambrosius von Mailand (339–397), der bei seiner Wahl zum Bischof sogar noch Taufschüler war, gilt als eines der herausragenden Beispiele. Zusammen mit der Legende von den drei Mädchen ergibt sich noch ein weiterer zeitgeschichtlich charakteristischer Zug: Die sozialen Verhältnisse im Staat der Spätantike machten den Bischof oftmals auch zur Instanz für sozialen Ausgleich und Nothilfe, die die staatlichen Behörden nicht leisteten. Ein Erlaß Kaiser Konstantis stellte Bischöfe und Priester zwar von Steuern und öffentlichen Dienstleistungen frei. Aber der Kaiser wußte auch die Interessen des Staates zu wahren. Söhnen aus senatorischen und kurialen Familien verweigerten wiederholte kaiserliche Erlasse die Freistellung von der Pflicht, öffentliche Ämter wahrzunehmen, für die sie, wenn die Steuereinnahmen nicht reichten, mit ihrem eigenen Vermögen einstehen mußten. Sie konnten eventuell erst in hohem Alter in ein kirchliches Amt gewählt werden. Jedenfalls ließ die soziale Situation es auch für das Bischofsamt geraten sein, einen Wohlhabenden unter den Gebildeten der Stadt zu erwählen, der neben Verkündigung und Liturgie auch soziale Aufgaben wahrnehmen konnte. So ist Nikolaus nicht zufällig eine, oft mit dem durch sein Mantelteilen zum Symbol gewordenen heiligen Bischof Martin von Tours (316–397), verglichene Gestalt.

Die von diesen Gestalten repräsentierten Dienste der Kirche sind auch im modernen Sozialstaat nicht ablösbar. Religiös neutrale Staaten und plurale Gesellschaften bedürfen unersetzbar der aus Glaubensüberzeugung gelebten Solidarität mit den Schwachen. So lädt die historische Erinnerung zugleich ein, über Bischofswahl und Bischofsamt neu nachzudenken.

Nikolauskirche von Myra. Blick von Osten in die Apsis mit dem „Synthronon", den stufenförmigen Sitzen für die Geistlichen, in deren Mitte der Bischof Platz nahm.

Ein Dämon

Das Baltrumer Fenster:

Ein grünes Boot, in dem zwei Menschen zu sehen sind, füllt die ganze Breite des Bildes aus. Links beugt sich eine gelbe Gestalt über die Bordwand hinunter. Die linke Hand berührt fast das Wasser, aus dem unmittelbar neben dem Boot dunkelrote Flammen emporschlagen. Die zweite Gestalt, blau-lila gekleidet, kniet mit erhobenen Armen betend im vorderen Teil des Bootes, den Blick zum Himmel gerichtet. Die Segel des Bootes sind wie Flügel gebläht. Stürmische Wogen schlagen hoch und drohen, den offenen Kahn zu füllen. Gischt und Wellen verdecken den Horizont. Sie lassen Himmel und Meer ineinander übergehen. Nur ein einsamer Stern leuchtet über dem Chaos. Kein anderes der Fensterbilder zeigt so bewegte Formen. Kaum irgendwo im Bild gibt es eine gerade Linie. In einem gewaltigen Wirbel von Feuer und Wasser drohen die Menschen verschlungen zu werden, hilflos den Mächten der Natur ausgeliefert. Beherrscht das Böse die Natur? Sind es gefühllose Gewalten des Zufalls, denen Menschen ausgeliefert sind? Ein guter Stern gewährt Orientierung und wird zum Zeichen der Hoffnung.

Die Erzählung

In Myra stand im vierten Jahrhundert aus heidnischer Zeit noch ein schöner und weithin berühmter Tempel, der Artemis, der Göttin der Fruchtbarkeit und der Beschützerin der Bürger geweiht. Bischof Nikolaus bemerkte, daß der alte Tempel manche Christen noch immer so beeindruckte, daß sie in Versuchung kamen, zu ihrem früheren Götzendienst zurückzukehren. So entschloß er sich, den Tempel abzureißen, um den schädlichen Dämonen, die dort hausten, ihren Unterschlupf zu nehmen. Eigenhändig, mit einigen mutigen Helfern, brach er den prächtigen Tempel bis auf die Fundamente ab. Die Dämonen fühlten sich zu Unrecht vertrieben und schworen ihm Rache bis über den Tod hinaus. Zunächst aber geschah nichts.

Nach Nikolaus' Tod wurde sein Name noch berühmter als zu seinen Lebzeiten, Die Leute kamen von weit her, um an seinem Grab zu beten. Oft trugen sie – den damaligen Gewohnheiten entsprechend – ihre Bitten laut vor, und vielen half Gott auf die Fürsprache des heiligen Nikolaus. So bereitete sich in einem fernen Land eine Pilgergruppe vor, um die Gelegenheit zu ergreifen, mit einem Frachtschiff nach Myra zum Nikolausgrab zu reisen. Als einer der boshaften Dämonen, die früher in dem Artemistempel gehaust hatten, die Vorbereitungen bemerkte, beschloß er, diese Pilger für seine Rache zu benutzen. In Gestalt einer alten Frau kam er mit einem verschlossenen Gefäß zu einem von ihnen. Die Frau lobte das Vorhaben der

Nikolaus vertreibt einen Dämon aus Baum und Brunnen. Detail aus einer nordrussischen Vita-Ikone des 15. Jhs.

Vernichtung des Öls der Diana. Tafelbild aus einem verlorenen Nikolausaltar von Sebastian Daig, Ulm, um 1525/30. Ulmer Museum.

Pilgergruppe mit vielen freundlichen Worten und erklärte, wie gern sie selbst mitgefahren wäre. Aber da sie alt und viel zu schwach sei, solle er doch wenigstens das Ölgefäß für sie mitnehmen und in Myra das Öl in die Lämpchen am Nikolausgrab gießen, damit sie einen Tag lang von ihrer Gabe brennten als Zeichen ihrer Dankbarkeit. Der Mann erklärte sich bereit, den Auftrag zu übernehmen, ohne zu ahnen, wer die Frau wirklich war und was das verschlossene Ölgefäß enthielt.

Unterwegs auf hoher See erschien Nikolaus dem Pilger, der das Gefäß des Dämons an sich genommen hatte, im Traum und sagte ihm, daß der Auftraggeber nicht eine fromme Frau, sondern ein teuflischer Dämon sei und der Inhalt nicht Öl, sondern ein böser und gefährlicher Zauber. Er solle das Gefäß bei Tagesanbruch ohne Zögern ins Meer werfen. Als der Mann am Morgen erwachte, führte er den Befehl sofort aus. Von Deck aus warf er das Ölgefäß ins Meer. Sobald es die Wasseroberfläche berührte, schoß eine Flammensäule daraus hervor, Qualm verdunkelte den Himmel, Gestank verbreitete sich und das Meer begann zu brodeln. Die Matrosen erschraken so, daß sie Steuer und Segel vergaßen. Hilflos schaukelte das Schiff auf den Wellen und geriet in Gefahr. Aber Nikolaus, der den Befehl gegeben hatte, das Teufelszeug ins Meer zu werfen, rettete sie.

Die Reisenden durchschauten die Machenschaften des Dämons, der mit dem Zauber Kirche und Stadt von Myra hatte in Brand setzen wollen. Die Seeleute steuerten das Schiff sicher an seinen Bestimmungsort. Die Pilger gingen an Land und erzählten, was sich ereignet hatte. Zuversichtlich legten sie den Rest ihrer Reise auf dem Landweg zurück und gelangten sicher nach Myra. Dankbar und glücklich erzählten sie auch dort von ihren Erlebnissen.

Da Artemis, die Göttin der Fruchtbarkeit, auch als Hüterin der bürgerlichen Freiheiten galt, genoss sie in den Städten des lykischen Bundes über Jahrhunderte besondere Verehrung. Sie war in ganz Kleinasien beliebt, ihre Tempel bildeten emotionale und wirtschaftliche Zentren. „Groß ist die Artemis von Ephesus!" riefen Sprechchöre mehrere Stunden lang bei einem Tumult, den die Mission des Apostels Paulus in Ephesus ausgelöst hatte. Im Neuen Testament gibt es dazu einen dramatischen Bericht (Apg 19, 23-40). Die Römer setzten Artemis mit Diana, ihrer Göttin der Jagd, gleich.

Oben: Chimeira. Der Berghang mit den aus dem Felsen lodernden Flammen (Erdgas) galt in der Antike als heiliger Bezirk, unter dem Hephaistos, der Gott der Schmiede, sein Reich hatte. Er galt als der Gatte der Artemis.
Rechts: Göttin Artemis. Römische Statue aus Perge 2. Jh. n. Chr. Museum Antalya. Als die Statue aufgestellt wurde, gab es in Perge bereits seit ca. 100 Jahren eine christliche Gemeinde (Apg 14,25).

Von dem als besonders kostbar geschmückt geltenden Artemistempel in Myra sind keine archäologischen Spuren gefunden worden. Zwischen Xanthos und Patara aber haben französische Archäologen die umfangreichen Ruinen des Letoon ausgegraben, die die geistigen Auseinandersetzungen bis heute erahnen lassen: Nebeneinander fand man dort die antiken Tempel der Leto und ihrer Kinder, Appollo und Artemis. Wie zur Überwindung der alten heidnischen Kulte ist im 8. Jh. an der Seeseite eine christliche Kirche davorgebaut worden.

Als „griechisches Feuer" wird eine explosive Mischung bezeichnet, die bereits um 330 n. Chr., zur Zeit Kaiser Konstantins, genannt wird. Die Masse entzündete sich im Wasser und wurde von den Byzantinern lange Zeit als Kriegswaffe benutzt. Ihre genaue chemische Zusammensatzung ist nicht mehr bekannt.

Der Glaube an den einen Gott und Schöpfer der Welt, den die Christen verkündeten, brachte schwere Auseinandersetzungen, befreite aber die Menschen von vielerlei Ängsten und vor quälender Dämonenfurcht. Solche Dämonenfurcht, die im Westen auch die in der Völkerwanderung eingesickerten Germanenstämme mitgebracht hatten, und die im Mittelalter, mit einem deutlichen Höhepunkt im 13. Jh., den kirchlichen Volksglauben prägte, hat wahrscheinlich im Gefolge dieser Legende zum Entstehen der Gestalt des Knechts Ruprecht geführt, der bis heute vielfach Nikolaus begleitet: Die Macht des Heiligen zeigt sich darin, dass er die Dämonen gebändigt hat. Sie dürfen nicht mehr im Verborgenen ihr Unwesen treiben, sondern müssen ihm in aller Öffentlichkeit folgsame Diener sein. Die einzigartige Beliebtheit des Heiligen im Mittelalter und in der frühen Neuzeit kann man durchaus als Gegenbewegung verstehen, gegen eine als Drohung empfundene Botschaft von der Strafgerechtigkeit Gottes.

Die Entlarvung dämonischer Mächte und die Befreiung von zwanghafter Angst ist die andere Seite des Evangeliums von der Erhabenheit und Menschenfreundlichkeit Gottes, die Zeitgenossen offenbar an Nikolaus erfahren haben. Sie kann auch heute Menschen von Weltangst befreien, die als ein Kennzeichen unserer Zeit gilt.

Getreideschiffe

Das Baltrumer Fenster:

Die warmen Strahlen einer leuchtenden Sonne durchziehen das Fenster. Von rechts gleiten zwei Schiffe ins Blickfeld, vorn eins so rot wie die glühende Sonne, dahinter ein gelbes mit grünem Segel. Das wogende blaue Meer trägt weiße Schaumkronen. An Land, vorn, beugt sich eine graue Gestalt über gestapelte Kornsäcke. Ihre Hand greift nach einem obenaufliegenden, blauen Sack. Starke Bewegung durchzieht das Bild. Unerwartetes ist geschehen. Die warmen Farben erzählen von Hoffnung und Leben. Die hockende graue Gestalt – eine Frau? – weiß von überstandener Not. Aus ihrer Haltung sprechen Demut und Dank, der Gleichklang der Bewegung von Kopf und Hand ist Gebet. Den Wissenden erinnern die sparsamen Konturen des Bildes an eine wunderbare Rettung und an einen weisen Helfer. Was könnte die Frau erzählen? Möchten ihre Hände die Säcke liebevoll streicheln? Wie Licht der „rosenfingrigen Morgenröte" weisen die Sonnenstrahlen auf die Szene an Land. Vielleicht hätten sie auch etwas zu erzählen.

Die Erzählung

Als in Lykien einmal alle Getreidevorräte aufgebraucht waren und die Menschen Hunger litten, liefen Frachtschiffe aus Alexandrien in Ägypten Andriake, den Hafen der Stadt Myra, an, um ihre Trinkwasservorräte aufzufüllen. Sie hatten Weizen geladen, der für die Hauptstadt Konstantinopel bestimmt war. Die Nachricht vom Anlegen der Getreideschiffe verbreitete sich wie ein Lauffeuer bis Myra. Die Leute liefen zusammen und bestürmten Bischof Nikolaus, ihnen in ihrer Not zu helfen und sich bei den Fremden für sie einzusetzen. Nikolaus eilte von Myra nach Andriake und sprach mit dem Schiffseigner. Er forderte ihn auf, von jedem Schiff einen Teil zu entladen: „Wenn ihr uns nicht helft, gehen wir vor Hunger zugrunde." „Wir können das nicht machen. Die Ladung ist Staatseigentum und für die Hauptstadt bestimmt", erwiderte dieser. Nikolaus gab sich nicht zufrieden: „Laßt uns von jedem Schiff nur hundert Maß Getreide hier", sagte er, „und ich verspreche euch Straffreiheit beim Warenempfänger im Hafen von Konstantinopel." Die Schiffer stimmten schließlich zu und löschten in Andriake einen Teil der Ladung. Bei günstigem Wind stachen sie in See und erreichten in wenigen Tagen Konstantinopel. Als dort das Getreide entladen und gewogen war, zeigte sich, daß die Menge genau mit der in Alexandrien übernommenen Ladung übereinstimmte. Verwundert erzählte der Schiffseigner dem Warenempfänger, was geschehen war. Sie nannten Nikolaus einen Wundertäter, und alle lobten Gott, der immer denen Gnade erweist, die ihn lieben.

Der historische Hintergrund

Diese in Deutschland wohl bekannteste Legende war zwar schon im 6. Jh. verbreitet, gibt aber nur wenige konkrete Anhaltspunkte für eine historische Anbindung. Möglicherweise war Nikolaus an dem Geschehen nur indirekt beteiligt. Einer etwas späteren Version zufolge, geschah das Ereignis fünf Jahre nach Nikolaus' Tod, und das Getreide kam aus Cypern.

Getreide aus Ägypten wurde in der römischen Kaiserzeit von Alexandrien zur Versorgung in die großen Städte des Reiches gebracht. Die Frachtschiffe liefen vielfach zunächst den Hafen von Myra an, um ihre Trinkwasservorräte aufzufüllen und günstige Winde für die Weiterfahrt in westlicher Richtung abzuwarten. Ein Beispiel dafür findet sich in der Apostelgeschichte des Neuen Testamentes (Apg 27,5-6). Als Gefangener auf dem Weg nach Rom stieg Paulus in Myra/Andriake um in ein alexandrinisches Schiff, das nach Italien fuhr.

Andriake. Ruinen des unter Kaiser Hadrian (117–138 n. Chr.) erbauten Getreidespeichers am Rande des verlandeten Hafens.

Bari. Nach dem Festgottesdienst zur Übertragungsfeier der Nikolausreliquien werden Brezel verteilt.

Lykien hatte in guten Zeiten Überschuß an Getreide und konnte diesen in den von Kaiser Hadrian (117–138 n. Chr.) erbauten Speichern lagern und exportieren. In Notzeiten aber, wenn Lykien selbst nichts zu exportieren hatte, ging auch der Reichtum aus Ägypten leicht an den Provinzen vorbei, allein in die Hauptstädte.

Denkbar ist auch, daß hinter der Erzählung ein militärisches Problem steht. Der hadrianische Speicher in Andriake diente zumindest zeitweilig als Nachschubbasis für die Versorgung der im Orient stationierten Legionen. Dann handelte es sich bei dem Anlaß der Legende um den Vorrang der militärischen vor der zivilen Versorgung, in die Nikolaus eingriff.

Verteilungsprobleme ziehen sich durch alle historischen Epochen und werden angesichts der Globalisierung größer denn je. Trotz Welternährungskonferenz und Welthungerhilfe sind Notleidende oftmals auf die selbstlose und einfallsreiche Initiative einzelner angewiesen.

Linke Seite: Das Kornwunder. Ausschnitt aus dem Stifterbild eines Getreidehändlers. Flügel eines Triptychons von Jan Provoost, Brügge, um 1515/20. Groeningenmuseum.

Seenot

Das Baltrumer Fenster:

Drei Männer hocken in einem roten Kahn, der zwischen den Wellen schaukelt. Schaumkronen sprühen auf den Wogen der stürmischen See. Auch hinter dem Boot türmen sich die Wellen bis zum Horizont. Es ist nicht genau zu erkennen, wo die gespenstisch glitzernde See endet und der dunkelblaue Nachthimmel beginnt. Kein Horizont gewährt Orientierung. Nur die Mondsichel zeigt, daß noch nicht alles vom Chaos verschlungen ist und Meer und Himmel noch in geordneter Trennung bestehen. Das Boot hat weder Segel noch Steuer. Die drei Männer verharren unbeweglich; links, der hintere im grünen Kittel, hat die Arme ausgestreckt zum Gebet. Auch der mittlere im gelben Mantel hat seine Hände zum Gebet erhoben, vor ihm, der dritte, klein und zusammengesunken, hat die Hände in den Schoß gelegt. Sein Mantel ist dunkel wie die Nacht. Alle drei blicken zum Himmel, dahin, wo der Mond die Richtung weist. Das leuchtende Rot des Bootes fällt ins Auge. Was für ein Signal sendet dieses Rot? Merkwürdig auch, wie scheinbar ruhig und waagerecht das Boot in dem Gewoge schwebt. Hat es einen unsichtbaren Halt? Unverwandt ist der Blick der Männer. Wonach schauen sie aus?

Die Erzählung

Als Nikolaus Bischof war, geriet einmal vor der Küste Lykiens, nahe Myra, ein Schiff in schwere Seenot. Ein Unwetter tobte mit großer Gewalt. Sturzseen brachen über das Schiff hin. Die Matrosen gaben sich verloren und fürchteten, im nächsten Augenblick in die Tiefe gerissen zu werden. Fast ohne Hoffnung riefen sie den Bischof von Myra, von dessen Heiligkeit sie gehört hatten, um Hilfe an. Nikolaus bemerkte ihr Unglück und erkannte ihre Angst. Während sie zu ihm riefen, sahen sie ihn plötzlich neben sich auf dem Schiff. Er machte ihnen Mut und rief durch den Sturm: „Kommt, faßt mit an!“ Er schien an allen Stellen zugleich zu sein, am Steuer, am Segel, bei der Ladung, überall half er ihnen. So gewannen sie selbst wieder Vertrauen und brachten ihr Schiff sicher nach Andriake, dem Hafen von Myra. An Land erzählten sie von der Gefahr, der sie entronnen waren und von ihrem Erlebnis. Sie sprachen dankbar von ihrem Retter.

Als sie dann in Myra zur Kirche gingen, zog gerade Nikolaus mit seinen Priestern zum Gottesdienst ein. Obwohl sie ihm nie vorher begegnet waren, erkannten sie sofort, daß er der Mann war, der ihnen im Sturm geholfen hatte. Sie drängten sich zu ihm durch, sprachen ihn an und berichteten von ihrer Überfahrt, dem schrecklichen Sturm und ihrer glücklichen Rettung. Als sie ihm danken

wollten, unterbrach er sie und sagte: „Besser, ihr schaut euch selbst an. Seid treue Mannschaftskameraden. Wie das Unwetter Gefahr gebracht hat, so bringen auch menschliche Gemeinheiten Gefahren und führen zu bösem Schaden. Gott hat euch das Gute wie eine schöne Frucht angeboten. Lernt sie zu teilen, untereinander und auch mit Fremden."

Die Seeleute blieben einige Tage in Myra, von den Lykiern freundlich aufgenommen und bestaunt. Danach setzten sie ihre Reise fort.

Links oben: Nikolaus rettet Schiffbrüchige. Englische Miniatur aus dem Book of Hours, 1410.

Links unten: Nikolaus rettet Schiffer aus der Seenot. Sockelmalerei einer Nikolausstatue. 1. Hälfte 14. Jh. Diözesanmuseum Köln.

Rechts unten: Rettung des jungen Dimitrij aus dem Dnjepr. Detail aus einer nordrussischen Vitaikone des 15. Jhs. Die Darstellung geht auf eine russische Abwandlung der Legende vom goldenen Becher zurück.

Der historische Hintergrund

Die Legende nennt außer Nikolaus und Myra keine Namen und Orte. Sie zeigt eine deutlich allgemeinere Struktur als die frühen Legenden. In der ältesten, von Michael dem Archimandriten im 9. Jh. überlieferten griechischen Fassung, weist sie mit der für Mönche gebräuchlichen Charakterisierung Nikolaus' als *hosios* = gottgefällig und den besonders ausführlichen Ermahnungen am Schluß mönchische Züge auf, die auf den Abt Nikolaus von Sion hinweisen. Aber sie enthält doch auch das fast ausnahmslos nur dem *hagios* = heiligen Bischof Nikolaus eigene Motiv, daß er, in Myra lebend, zugleich an fernen Orten erscheinen kann. Es ist historisch kein Anlaß bekannt, der Nikolaus zu Lebzeiten zum Patron der Seefahrer hätte machen können. Seine Stadt jedoch, die vom Seehandel lebte, genügte wohl allein schon, den Heiligen zum Patron der Seefahrer zu machen. Offenbar ist diese Legende zum Ausgangspunkt seines Patronats über die Fluß- und Seeschiffer geworden und hat vor allen die Normannen bewogen, Nikolaus auf ihren Fahrten anzurufen und seinen Namen und seine Verehrung an alle Küsten bis über die Ostsee nach Nowgorod zu tragen. Vielleicht haben gerade die Menschen, die am meisten den Ungewißheiten der Natur ausgesetzt sind, einen Sinn für den Mann, der nicht nur auf hoher See, sondern gerade auch auf dem Lande in riskanten Situationen sich in Gottes Hand wußte, und der ihnen deswegen vertrauenerweckend erschien, weil er darin Erfahrung hatte. Auf der Brücke keines griechischen Fährschiffes, das das Mittelmeer durchquert, fehlt heute eine Nikolaus-Ikone. Vielleicht sollte man zuweilen allerdings die nüchterne Ermahnung des Heiligen: „Kommt, faßt mit an," die die Legende festhält, dazuschreiben. Auf ihre Weise erinnert die Legende an die alte theologische Lehre, daß es zum Glauben gehöre, „mit der Gnade mitzuwirken".

Auf der Brücke eines griechischen Fährschiffes. Eine Nikolausikone findet sich auf jedem griechischen Schiff, einschließlich der Kriegsmarine.

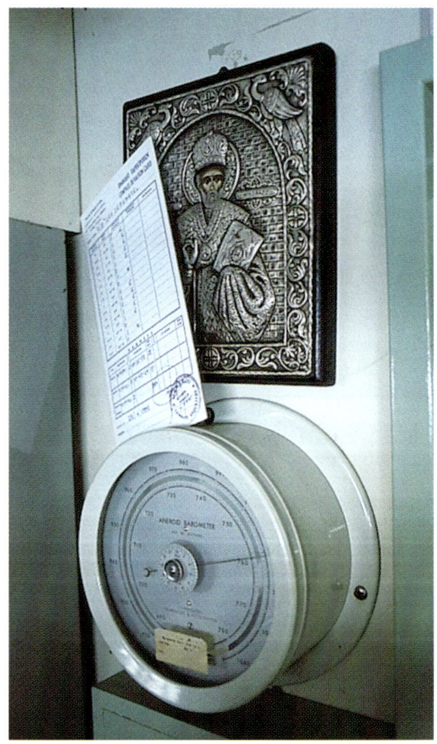

Drei Schüler

Das Baltrumer Fenster:

Drei junge Leute in farbigen Talaren, wie sie früher die Studenten in den Klosterschulen trugen, gehen auf ein Haus mit erleuchteten Fenstern zu. Sie tragen lange weiße Wanderstäbe in den Händen, sind offenbar reisende Scholaren. Der Himmel über ihnen ist von dunklen Wolken verhangen. Drohend giftgrün steht eine Wolke direkt über den Studenten. Ein merkwürdiger Kontrast beherrscht das Bild: Aufrecht, ruhig, in Gemeinschaft verbunden gehen die jungen Männer. Die gleichmäßig angewinkelten Arme und die leicht vornübergeneigten Köpfe weisen zielstrebig auf das Haus, das Ruhe und Geborgenheit bringen könnte. Aber über ihnen am Himmel gibt es keine so klaren Formen. Alles scheint dort in Aufruhr zu sein. Weiß der Himmel mehr? Was künden die Wolken an? Ist die Zuversicht der Schüler trügerisch? Oder muß man das Bild anders deuten: Liegt alles schon hinter ihnen, was die Legende erzählt? Spricht der Himmel von überstandenen Schrecken? Woher haben die Drei ihre Sicherheit und Zuversicht?

Die Erzählung

Drei ältere Schüler – heute würde man sie wohl eher als Studenten bezeichnen – machten sich auf den Weg zur Hochschule nach Athen. Unterwegs, nicht weit von ihrer Heimat, machten sie in einer Nikolauskirche halt, verehrten respektvoll den Heiligen und baten den Patron der Schüler um seinen Schutz auf ihrem Weg. Am Abend kehrten sie in einem Gasthof ein, um dort zu übernachten. Die Wirtsleute betrieben, wie es vielfach der Brauch war, in ihrem Hause auch eine eigene Metzgerei. Jener Wirt war ein unehrlicher und habgieriger Mann. Als die drei Schüler kamen und nach einem Quartier für die Nacht fragten, vermutete er, sie könnten das Schulgeld für das kommende Jahr bei sich haben, und er beschloß, sie auszurauben. Er stellte sich freundlich und gab ihnen seine beste Schlafkammer. In der Nacht aber kam er und schlachtete sie alle drei mit einem Messer. Dann rief er seine Frau zu Hilfe. Sie schnitten gemeinsam die Leichen in Stücke und legten das Fleisch ins Pökelfaß, in dem sonst Schweineschinken gesalzen wurden. Ein Engel brachte in derselben Nacht dem heiligen Nikolaus die Nachricht von dem grausigen Mord, den kein Mensch beobachtet hatte. Nikolaus kehrte am Abend in fremder Gestalt bei dem Wirt ein. Zur Mahlzeit verlangte er Salzfleisch. Als die Wirtsleute das Geforderte brachten, erkannte er sogleich die Herkunft. Er wies den beiden ihr Verbrechen nach und gab sich schließlich zu erkennen. Gott ließ auf Nikolaus' Gebet hin die drei getöteten Schüler ins Leben zurückkehren. Die unmenschlichen Wirtsleute aber erhielten ihre Strafe.

Der historische Hintergrund

Das Verbringen der Nikolausreliquien von Myra nach Bari 1087 gab der Verehrung des Heiligen im Westen neue Impulse. Im 12. und 13. Jh. breitete sie sich auf fast alle größeren Städte Westeuropas und besonders an den Dom- und Klosterschulen aus. Da viele der Schüler Priester oder Mönche werden wollten, nahm man alle in den untersten Rang des geistlichen Standes auf, schnitt ihnen die Tonsur und bezeichnete sie als „clerici" (Kleriker). So werden in der schriftlichen Überlieferung auch vieler späterer Nikolauslegenden und -spiele die Schüler durchgehend Clerici genannt. Der berühmte und mit neuen Wundergeschichten ins Gespräch gekommene Heilige wurde auch ihr Patron. In Hildesheim wahrscheinlich entstand die Legende von den ermordeten und geretteten Schülern, für die es im griechischen Osten keine Vorlage gab, die aber den Gefahren, denen wandernde Scholaren wie auch Pilger und einzelne Kaufleute damals ausgesetzt waren, entsprach. Die Legende wurde beonders in Nordfrankreich so bekannt und beliebt, daß sie bald in Bildreihen in den Fenstern der Kathedralen (Tours, Le Mans, Chartres u.a.) auftauchte. In der Folge verbreitete sich das Schülerpatronat auch auf die neuen Stadtschulen. In Hamburg baute man die erste Stadtschule direkt neben die Nikolai-Kirche.

Von dieser Legende sind die ältesten der „Mirakelspiele" bekannt, die in dieser Zeit aufkamen und den Inhalt der Erzählung in Szene setzten. Den Untersuchungen der Brauchtumsforscher zufolge ist sie der Kristallisationspunkt der Einkehr des heiligen Nikolaus am Vorabend seines Festes in den Häusern. Entsprechend veränderten sich die bildlichen Wiedergaben der Legende. Aus den Klerikern wurden jüngere Kinder. Das Pökelfaß mit den drei Kindern entwickelte sich in Frankreich schließlich zum Erkennungszeichen des Heiligen, während man im Osten weiter die Darstellung mit dem Buch beibehielt und im übrigen Europa zumeist die drei goldenen Kugeln als Attribut auftauchen.

Seite links: Nikolaus erweckt drei Schüler. Darstellung von Gentile da Fabriano, 15. Jh. Pinacoteca Vaticana.
Unten: Tanz der Kinder zu Ehren des hl. Nikolaus bei der Feier der Reliquienübertragung in Bari, 1998.

Der Betrüger

Das Baltrumer Fenster:

Zwei Männer stehen einander gegenüber. Sie halten gemeinsam einen weißen Stab, aber sie schauen sich nicht an. Der Mann links hat den Kopf gesenkt, er trägt einen spitzen grünen Hut und einen fußlangen, blauen Kaftan. Der rechte wendet ihm sein Gesicht zu. Er ist barhäuptig, mit einer gelben Tunika und grünen Strümpfen bekleidet. Den Hintergrund teilt eine scharfe Diagonale: Oberhalb sieht man das Blau des Himmels, unterhalb verschiedene Rottöne. Ein auffällig dunkles, rotes Band sondert die rechte Person ab. Die riesige Sonne ragt nur mit einem Ausschnitt ins Bild. Sie sendet drei starke Strahlen aus, die wie Speere die Szene durchstoßen; der mittlere Strahl geht zwischen den beiden Männern hindurch und trennt sie. Der spitze Hut kennzeichnet die linke Gestalt nach mittelalterlicher Tracht als Juden. Was die Sonnenspeere bloßlegen, ist der Augenblick der betrügerischen Stabübergabe, von der die Legende erzählt. Zeigt die drohende Sonne, daß der Himmel eingreifen muß? Ist es Zufall, daß hier die Mitte des Bildes wie ein unentwirrbares Knäuel wirkt? Trägt der Jude den Sonnenstrahl wie einen Kreuzesbalken? Vielleicht sind auch die Kleiderfarben symbolisch zu deuten: der Jude mit dem Gewand im Blau des Himmels, dem er vertraut, der Betrüger in dem Gelb der Falschheit, die ihn kennzeichnet.

Die Erzählung

Ein Kaufmann in Nordfrankreich hatte durch unglückliche Umstände sein gesamtes Vermögen verloren. Um neu anfangen zu können und nicht betteln zu müssen, bat er in seiner Not einen Juden um ein Darlehen und versprach, das Geld pünktlich an einem festgesetzten Tag zurückzugeben. Er bot an, den heiligen Nikolaus zum Zeugen seines Versprechens zu machen. So ging er mit dem Juden in die Kirche. Vor dem Altar schwor er unter dem Bild des heiligen Nikolaus, sein Versprechen zu halten. Der Jude, dem die Nikolauserzählungen bekannt waren, nahm diesen gern als Bürgen für die Rückzahlungen an. Es gelang dem Kaufmann, sein Geschäft wieder aufzubauen und erneut zu Wohlstand zu kommen.

Als schließlich die Frist abgelaufen war und der Jude sein Geld zurückverlangte, behauptete der Kaufmann jedoch, er schulde nichts und habe deshalb auch nichts zurückzugeben. Als er sich hartnäckig weigerte zu zahlen, kam es zum Prozeß. Zu der Verhandlung kam der betrügerische Kaufmann mit einem hohlen Stab, in dem das Geld verborgen war. Er sollte in der Kirche unter dem Bild des heiligen Nikolaus, wo er schon einmal geschworen hatte, vereidigt werden. Auf dem Weg dorthin bat er den Juden, ihm für eine Weile den Stab zu halten. So schwor er am Altar, er habe alles Geld zurückgegeben. Er bekam Recht, und der betrogene Jude verließ das Gericht niedergeschlagen und zornig. Er beschimpfte

Nikolaus, dem er vorwarf, auch auf ihn sei kein Verlaß mehr.

Den Betrüger aber überfiel auf dem Heimweg eine unwiderstehliche Müdigkeit. Schließlich konnte er keinen Schritt mehr gehen und mußte sich in einem Hohlweg, wo er gerade war, niederlegen. Da kam plötzlich ein Ochsengespann mit einem schwer beladenen Wagen. Die Tiere stutzten, aber als die Fuhrknechte den Mann durch nichts aufwecken konnten und der Wagen in dem Hohlweg auch nicht wenden konnte, trieben sie das Gespann schließlich mit einem kräftigen Satz über ihn hinweg. Der Mann blieb wie tot liegen. Sein Stab war unter den Rädern zerbrochen, so daß die schweren Goldstücke zum Vorschein kamen.

Als das Unglück bekannt wurde, liefen die Leute zusammen und riefen auch den Juden herbei. Auch die Richter kamen. Sie sprachen ihm das Geld zu. Der Jude nahm seinen Besitz, ging in die Kirche, dankte dem heiligen Nikolaus für seine treue Bürgschaft und bat ihn, den betrügerischen Kaufmann ins Leben zurückzurufen. Als er noch vor dem Nikolausbild stand, ging plötzlich die Kirchtüre auf, der Kaufmann kam gesund herein und warf sich vor dem Altar zu Boden. Die Leute schwiegen betroffen, der Jude aber bat, ihn und seine ganze Familie in die Religion des heiligen Nikolaus aufzunehmen und zur Taufe zuzulassen.

Bestrafung des Betrügers.
Fresko der Brixener Malerschule,
Klerant, Südtirol, um 1475.

Der historische Hintergrund

Die in Nordfrankreich im 12. Jahrhundert entstandene Legende ist nicht nur beredtes Zeugnis der in dieser Epoche rasch wachsenden lebendigen Nikolausverehrung, mit ihr sind auch zwei interessante zeitgeschichtliche Entwicklungen verbunden: Zunächst bildete sich im Gefolge dieser Legende unter französischen Kreuzrittern der Brauch, beim heiligen Nikolaus zu schwören, eine Gewohnheit, die von der Kaufmannschaft vielfach übernommen wurde und sich besonders in den Niederlanden ausbreitete. Hoffmann von Fallersleben hat dazu im 19. Jahrhundert in seinen „Horae Belgicae" eine Reihe überlieferter Beispiele gesammelt, die zugleich volkstümliche Varianten des Namens enthalten, wie z. B.: *„Ic swere u, Jan, bi sente Cleis"*. Zum anderen wurde Nikolaus zum besonderen Patron der Pfandleiher und Bankleute. Lombardische und florentinische Kaufleute sind seit dem 12. und 13. Jahrhundert zu Begründern des Bankwesens geworden. Ihr Berufszeichen wurden die drei goldenen Kugeln des heiligen Nikolaus. Eine Quelle des 14. Jahrhunderts verlegt entsprechend den Schauplatz der Legende in die Lombardei.

Die Legende selbst scheint auch einen leisen Protest gegen die Diskriminierung der Juden auszudrücken. Gegen sie hatte es zu Beginn des ersten Kreuzzuges (1097) schwere Pogrome gegeben und das 4. Laterankonzil 1215 hatte den Umgang mit ihnen eingeschränkt. Ein Nikolaus-Hymnus des 12. Jahrhunderts aus der Prämonstratenserabtei Arnstein in Nassau, der auf die Legende anspielt, unterstreicht diesen Eindruck. Man könnte geneigt sein, darin heute eine besondere Zeitgemäßheit zu sehen, vielleicht nicht nur wegen des Verhältnisses zu den Juden, sondern auch zu türkischen, vietnamesischen und anderen ausländischen Geschäftsleuten.

Einen Kaufmann,
dem ein Jude Gold geliehen,
überführte des Betruges
endlich sein zerbrochner Stab.

Erweckt zum Leben
der Zermalmte,
der Jude gläubig, neu geboren,
mit Christi Zeichen nun besiegelt.

Groß die Kraft
des Dieners Gottes,
wunderbar des Juden Glaube,
der sich begnügt mit diesem Bürgen.

Aus einer Hymne aus der Prämonstratenserabtei Arnstein in Nassau.
Übersetzung aus dem Lateinischen, R. Mensing.

Relief nach dem Vorbild der Vita-Ikonen außen an der Chorwand der Nikolausbasilika. Links unten ist die Szene erkennbar, wie der Wagen den Betrüger überrollt. Rechts in der Mitte: Hilfe in Seenot; Rettung der ungerecht Verurteilten; Rettung der drei Schüler.

Der goldene Becher

Das Baltrumer Fenster:

Wieder beherrschen See und Boot das Bild. Dunkelgrün ist der Kahn, in dem Dramatisches geschieht: Ein aufrecht stehender Mann wirft hilflos die Arme empor. Braun in braun verbinden sich Gesicht, Haare und Gewand der Gestalt zu einer den Bildrahmen durchstoßenden Bewegung: Der hochgereckte Körper, Kopf und Arme, alles weist nach oben. Dagegen drängen vorne am Boot alle Linien nach unten. Eine rot gekleidete Gestalt stürzt kopfüber ins Meer und versinkt in den Fluten. Auch hier durchstößt die Bewegung den Bildrahmen. Der aus dem Boot gestürzte Knabe versinkt in bodenloser Tiefe. Der goldene Becher, mit dem er Wasser schöpfen wollte, ist ihm entglitten. Am rechten Bildrand schimmert er als gelbes Licht durch das Wasser herauf. Links unten in der Ecke taucht ein großäugiger Fisch aus der Tiefe. Am Himmel segeln Vögel, weiß mit rotem Schnabel einer, blaugrau wie die Wolken ein anderer. Ist es Aufruhr, was die Vögel und Fische so in Bewegung bringt? Warum fehlt gerade in diesem Bild bei aller Farbe und Lebendigkeit die Sonne? Der einzige Gelbton ist tief im Wasser versunken.

Die Erzählung

In Frankreich war ein Mann mit seiner Frau lange Zeit kinderlos. Sie hätten gern einen Sohn gehabt. Da sie beide zu den Nikolausverehrern gehörten und dem Heiligen vertrauten, versprachen sie schließlich, mit ihrem Sohn eine Wallfahrt nach Myra zu machen und für die Kirche dort einen kostbaren goldenen Becher zu stiften, wenn Nikolaus für die Erfüllung ihres Wunsches sorgte.

Kaum ein Jahr später gebar die Frau tatsächlich einen Sohn, und die Familie wurde glücklich mit ihrem Kind. Als der Junge zwölf Jahre war, gab der Vater bei einem Goldschmied einen besonders kostbaren Becher in Auftrag, um sein Versprechen zu erfüllen. Der fertige Becher aber gefiel dem Ehepaar so gut, daß es ihn nicht hergeben mochte, sondern selbst in Gebrauch nahm. Für die Erfüllung ihres Versprechens ließen sie den Goldschmied einen zweiten, ähnlichen Becher anfertigen. Als auch dieser Becher fertig war, begaben sie sich zu Schiff auf die Reise nach Myra. Unterwegs ließ der Vater seinen Sohn mit dem ersten Becher Wasser aus dem Meer schöpfen. Der Junge beugte sich dabei zu weit hinunter, stürzte mit dem Becher ins Meer und versank. Alle Suche nach ihm blieb ergebnislos, und die Eltern mußten traurig und einsam ihre Reise fortsetzen.

Weil sie es einmal versprochen hatten, wollten sie in Myra in der Nikolauskirche den zweiten Becher stiften. Sie hofften wohl auch auf Nikolaus' Fürsprache für ihren verschwundenen Sohn. So stellte der Vater den Becher auf den Altar. Der Becher fiel um, rollte über die Kante und fiel zu Boden. Von dem scheppernden Geräusch erschreckt, blickten die anderen Pilger auf. Der Mann hob den Becher vom Boden auf und stellte ihn noch einmal auf den Altar, aber wie heruntergestoßen fiel er wieder auf den Boden. Verwirrt hob er ihn erneut auf, und während noch die Leute über den Vorfall tuschelten, schritt plötzlich sein Sohn wohlbehalten durch die Kirche und trat vor den Altar. Schweigend setzte er den ersten kostbaren Becher, den er in der Hand trug, nieder. Den staunenden Pilgern erzählte er, daß Nikolaus ihm zu Hilfe gekommen sei, ihn aus dem Wasser gerettet und hierher gebracht habe. Freudig umarmten die Eltern den wiedergeschenkten Sohn und opferten nun beide Becher, Nikolaus zum Dank.

Nikolaus bringt einen Knaben aus sarazenischer Gefangenschaft zurück. Detail aus einer nordrussischen Vita-Ikone des 15. Jhs.

Der historische Hintergrund

Die Legende gehört zu den Neubildungen, die nach 1087 in Nordfrankreich entstanden. Sie ist dort seit der Mitte des 12. Jahrhunderts in Hymnen und Predigten nachweisbar, in Deutschland seit dem 14. Jahrhundert. Deutlich läßt sie das zunehmende Vertrauen in Nikolaus als Patron der Kinder erkennen. Varianten der Legende bilden die Befreiung eines Knaben aus sarazenischer Gefangenschaft (vgl. Abb. Seite 82) und die Rettung des jungen Dimitrij aus dem Dnjepr (vgl. Abb. Seite 73). Wie andere im Westen entstandene Legenden findet sie sich auch sogleich im Bildprogramm der Fenster französischer Kathedralen (Chartres, Tours, Bourges, Le Mans, Tours). Zeitgeschichtlich charakteristisch ist die Beliebtheit von gegenständlichen frommen Stiftungen.

Die Reflexion der Redlichkeit in der Ausführung des Versprechens, die die Legende hintergründig bestimmt, zeigt, wie bei aller Naivität der Inanspruchnahme geistlicher Hilfe für persönliche Wünsche doch die personale Dimension von Glaube und Vertrauen nicht übersehen wird. Darin findet sich sicherlich auch eine Anfrage an heutige Frömmigkeit.

Blick in den Altarraum der Nikolauskirche von Myra.

Das Bad

DAS BALTRUMER FENSTER:

Eine Frau im roten Mantel über einem weißen Kleid und mit einem leuchtendroten Schleier beugt sich über eine Wanne, in der ein Kind aufrecht steht. Zärtlich und spielerisch strecken Frau und Kind einander die Hände entgegen. Unter der Wanne, auf einer Steinplatte, brennt ein Feuer. Die Flammen züngeln bis an den Rand der Wanne. Eine diagonale Teilung durchzieht den Hintergrund des Bildes. Im unteren Teil deuten grüne Schattierungen eine Hecke an, oberhalb füllt eine riesige gelbe Sonne fast die Hälfte des blauen Himmels aus. Leuchtend steht die übergroße Sonne über der häuslichen Szene. Eine geschwungene Bleilinie führt von der Himmelswelt, über den Kopf der Mutter, bis herunter zu der Wanne mit dem Kind. Gibt es so etwas, das wie ein Faden himmlische und irdische Welt gleichermaßen durchzieht? Die Mutter neigt sich eigentlich zu tief, um ihr Kind noch anschauen zu können. Sie wirkt eher in sich gekehrt. Was hat sie so nachdenklich gemacht? Wer hat das Feuer so gebändigt, daß seine Flammen nicht bedrohlich hochschlagen, sondern wie Blätter einer Blüte erscheinen?

Die Erzählung

Am Tag, als Nikolaus zum Bischof geweiht wurde, gab es in der Kirche von Myra ein großes Gedränge. Alle, die eben konnten, wollten die festlichen Zeremonien miterleben.

Eine Mutter hatte zuvor noch ihr Kind gebadet. Weil das Badewasser zu kalt war, stellte sie die Wanne noch einmal auf den Herd und legte ein paar Holzscheite aufs Feuer. Das Kind hatte sie schon in die Wanne gesetzt. Dann lief sie rasch zum Kirchplatz hinüber, um zu sehen, ob der feierliche Einzug schon begonnen habe.

Der Anblick der brennenden Kerzen und der goldenen Gewänder, die Prozession und der Klang der Musik faszinierten sie so, daß sie Kind und Bad und Zeit vergaß. Sie zog mit in die Kirche und blieb mehrere Stunden, bis die feierliche Weihe und Einsetzung des neuen Bischofs beendet war. Dann erst fielen ihr das Kind und die Wanne auf dem Feuer ein. Voll Schrecken eilte sie nach Hause. Sie fand ihr Kind wohlbehalten im Bad sitzend. Sie nahm es auf den Arm und lief noch einmal zur Kirche um zu danken. Auf wundersame Weise hatte Nikolaus ihr Kind vor dem Tode durch Verbrühen bewahrt.

Kinder von Bari untermalen anläßlich der Feiern die in einem großen Tafelbild vorgestellte Legende mit ihren Tänzen.

Als „Wannenwunder“ wird in vielen Lebensbeschreibungen des heiligen Nikolaus erzählt, er habe als Kleinkind manchmal stundenlang aufrecht in der Wanne gestanden. Das Motiv ist auch aus späten Geburtslegenden Jesu bekannt. Das Kind im Bad soll die Taufe ankündigen und sein Untertauchen im Tod. Daß Jesus aufrecht steht, will ausdrücken, daß er diesen Weg selbständig und aus freiem Willen geht. Wenn die Legende Nikolaus in gleicher Weise darstellt, sagt sie damit, daß er in seinem Leben Christus gegenwärtig hält. Anders als in den bisher erzählten Legenden sind hier tiefsinnige Betrachtungen der Mönchstheologie zu Bildern geworden. So findet sich diese Legende ursprünglich in der Lebensbeschreibung des Abtes Nikolaus von Sion. Erst durch die Verwechslung und Vermischung der beiden ist sie auf Nikolaus von Myra übergegangen. Oft wird die Geschichte verbunden mit der phantasievollen Erfindung, Nikolaus habe als Säugling an den Fasttagen der byzantinischen Kirche, mittwochs und freitags, nur einmal die Mutterbrust genommen. Etwas lebensnähere Frömmigkeit und intuitives Verstehen des Mannes, der mehr vom väterlichen Dienst für andere als vom Streben nach eigener Vollkommenheit bestimmt war, hat in Frankreich im 12. Jahrhundert die nachstehende Legende gebildet, die rasch so beliebt wurde, daß sie neben anderen Nikolausgeschichten in Kirchenfenstern der Kathedralen von Chartres und Auxerre abgebildet wurde. Vielleicht erregt sie heute angesichts alleinerziehender Elternteile neues Interesse und neue Nachdenklichkeit. Allemal waren aber diese Geschichten der Hauptgrund dafür, daß, besonders im Westen, Nikolaus zum Patron der kleineren Kinder wurde.

Nikolausikone, Nordrußland, 15. Jh. Die Form der Vita-Ikone, bei der um eine zentrale Heiligengestalt ein Rahmen von kleinen Bildern gelegt ist, findet man in zahlreichen Variationen. Die Detailbilder in diesem Buch sind dieser Ikone entnommen. Ikonenmuseum Recklinghausen.

Orte, Zeiten und Zeichen der Verehrung

Italienische Pilgergruppe aus der Umgebung von Neapel kommt zum Jahrestag der Reliquienübertragung nach Bari.

Bekanntester Nikolauswallfahrtsort nördlich der Alpen ist Saint-Nicolas-de-Port in Lothringen in der Nähe von Nancy geworden. Einer Chronik des 13. Jahrhunderts zufolge hat der Ritter Autbert aus Lothringen nach seiner Rückkehr vom ersten Kreuzzug 1099 aus Bari eine Reliquie, ein Fingerglied der rechten Hand (der Segenshand), die ein verwandter Geistlicher in Bari für ihn gestohlen hatte, in seine Heimat mitgebracht und zunächst in einer Truhe verborgen, neben der ständig ein Licht brennen ließ. Als eines Tages die Lampe erlosch, sei Autbert erblindet. Als man das Licht wieder entzündete, habe er sein Augenlicht wiedererlangt. Daraufhin habe der Abt des berühmten Klosters Gorze, zu dem Port gehörte, dort eine Kirche zur Aufbewahrung der Reliquie bauen lassen, die zum Ursprung der bis heute lebendigen Wallfahrt geworden sei. Da die Kirche bereits vor 1092 erbaut worden ist, kann die dortige Nikolausverehrung nicht mit dem Kreuzzug zusammenhängen, sondern wird auf die für Gorze schon um die Jahrhundertmitte nachgewiesene Nikolausverehrung zurückgehen. Die heutige, für den damals winzigen Ort viel zu „Große Kirche" wurde 1495–1553 erbaut. Sie zeugt von der einst beträchtlichen Wallfahrt, von der heute kaum mehr als eine volkstümliche Feier zum Nikolaustag geblieben ist. Am Samstag nach dem 6. Dezember veranstaltet die Kommune einen Festzug, bei dem Nikolaus im Bischofsornat, ein Knecht Ruprecht, Père Fouettard genannt, ein von dem Heiligen aus der Sklaverei befreiter

Links: Bentlager Reliquienschrein von 1520. Im Bild links die Nikolausreliquie: oleum sancti nicolai, Museum Kloster Bentlage, Rheine.
Rechts oben: Nikolaus, Beschützer der Armen, Saint-Nicolas-de-Port, 16. Jh. Mitte: Armreliquiar, Saint-Nicolas-de-Port, 1893.
Rechts unten: Nikolausberger Pilgerzeichen aus dem 15. Jh., gefunden 1953 im Kloster Wienhausen.

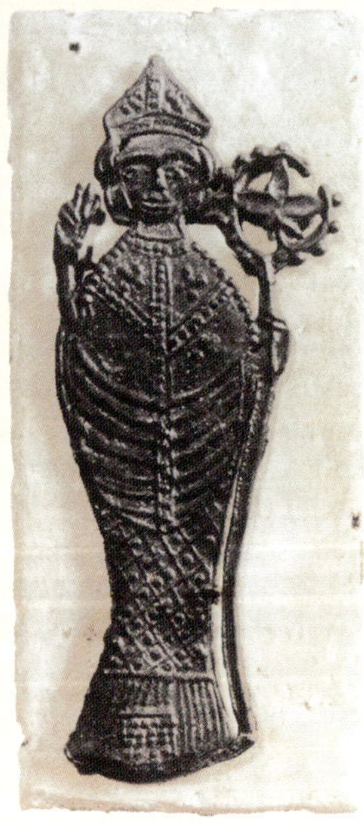

Oben: Nikolaus-Statue im Laden des Fischhändlers zu Bari.
Mitte: Prozession in Bari während der Feiern zur Reliquienübertragung.
Unten: Straßenmaler in der süditalienischen Hafenstadt.

„Herr von Réchicourt" und der Metzger aus der Schülerlegende auf Wagen mitziehen, während die übrigen Wagen zunehmend karnevalistische Züge tragen. Die aber kaum weniger volkstümliche religiöse Feier schließt sich am Abend in der Großen Kirche an mit einer Lichterprozession und der Segnung mit dem aus Bari gesandten „Manna".

Nach der Plünderung Konstantinopels 1204 gelegentlich des 4. Kreuzzuges, sind viele der dort verehrten Reliquien an verschiedene Orte im Westen gekommen, darunter auch Nikolausreliquien, so daß sich heute auch andere Kirchen solcher Schätze rühmen.

Angeblich hat während der griechischen Revolution (1821) eine russische Fregatte die in Myra verbliebenen restlichen Nikolausreliquien nach St. Petersburg gebracht. Von der auch nach der Oktoberrevolution in der Sowjetunion fortbestehenden Nikolausverehrung jedenfalls zeugt ein nach dem Zweiten Weltkrieg in mehreren Auflagen erschienenes Buch, das sich polemisch gegen den Heiligen wendet. Wie wenig es ausrichtete, zeigt die nach dem Ende der atheistischen Sowjetunion erfolgte Rückwendung des offiziellen Rußlands zu seinem traditionellen Landespatron. Bis heute feiert auch die orthodoxe Kirche in Rußland nicht nur den Nikolaustag im Dezember, sondern auch den Tag der Reliquienüberführung nach Bari am 9. Mai (nach russischem Kalender ist das der 22. Mai).

In allen großen Konfessionen gibt es gegenwärtig zahlreiche Kirchen, die den heiligen Nikolaus zum Patron haben. Allein in Deutschland werden 411 katholische Nikolausgemeinden gezählt, von denen viele das Fest des Heiligen mit besonderen Feierlichkeiten begehen. Einige feiern nur den 6. Dezember, andere auch den Tag der Reliquienübertragung, den 9. Mai. Viele haben ihre eigenen Lieder und Festbräuche.

1999 feierte die evangelisch-lutherische Gemeinde Nikolausberg bei Göttingen mit einer Veranstaltungsreihe und einer Ausstellung über einige Wochen hin ihr Jubiläum: „1000 Jahre Nikolausverehrung". Kostbarste Ausstellungsstücke waren Teile einer Nikolausberger Altardecke aus dem 14. Jh. und ein unversehrt erhaltenes Pilgerzeichen des 15. Jhs. Solche Pilgerzeichen aus Nikolausberg, vielerorts gefunden, belegen die Verbreitung der dortigen Wallfahrt im Mittelalter über Niedersachsen und Nordhessen, aber auch östlich von Elbe und Saale und bis in den Norden. Wie die Jakobsmuschel der Compostela-Pilger dienten die Pilgerzeichen nicht nur als Andenken, sondern als Nachweis der Pilgerfahrt und als Segenszeichen, gewiß auch zuweilen verbunden mit abergläubischen Vorstellungen.

Nikolaus-Statue an der Einfahrt zum Duisburger Hafen, Wolf Spitzer, 1990.
Am Bug weht die Nikolausfahne der Flußschiffer anläßlich der Schiffsprozession in Frankfurt 1998.
Die 1997 gegründete Frankfurter Nikolausinitiative hat diesen Brauch neu begründet.

Welche Bedeutung die Nikolausberger Verehrung des Heiligen hatte, zeigt ein in Vergessenheit geratener Brauch. Glocken erhielten damals wie heute den Namen eines Heiligen, weil ihr Klang nicht nur zur Kirche rufen, sondern auch Schutz gewähren sollte. So war es vielfach Brauch, Pilgerzeichen auf Glocken aufzugießen: Auf mehr als 80 Glocken des 14. bis 16. Jhs. ist das Nikolausberger Zeichen nachgewiesen.

In Nikolausberg hat man anläßlich des Jubiläums wie in Hamburg Kinderbischöfe (vgl. S. 47) ausgesandt. So lebt nicht nur die Erinnerung, sondern auch die erfahrbare Menschenfreundlichkeit Nikolaus' von Myra wieder auf.

Am Rhein, oberhalb des Binger Lochs, am Stromkilometer 530 steht an der B 42 eine kleine offene Nikolauskapelle, auf die sich einmal im Jahr, am zweiten Adventssonntag, große Aufmerksamkeit richtet. An diesem Tag sind vor der Kapelle Kerzen und Fackeln entzündet und im Nachmittag, wenn es um diese Jahreszeit bereits zu dämmern beginnt, nähert sich von Assmannshausen her auf dem Fluß ein Schiffskonvoi, zwei große Passagierschiffe und eine Flotte von einem halben Dutzend Motorbooten und Privatyachten. Auf der Höhe der Nikolauskapelle halten sie in der Flußmitte an. Menschen stehen trotz winterlicher Kälte in großer Zahl an Deck, Schiffssirenen und Schiffsglocken ertönen und zwischen dem Rauschen der Strömung hört man Klänge einer Blaskapelle. Dann wenden die Schiffe vorsichtig nacheinander und der Konvoi fährt nach Assmannshausen zurück.

Einige hundert Pilger nehmen an der 1947 nach alter Tradition wieder aufgegriffenen Wallfahrt teil, die wohl ursprünglich an Land als Fußwallfahrt ging. In Assmannshausen findet noch eine Andacht statt und der Schifferverein feiert am Abend seinen Patron und beschenkt eigene und eingeladene Kinder.

Seit den Veränderungen in der Binnenschiffahrt gehören zum Verein der wenigen verbliebenen Flußschiffer heute Wasserbauer, Reeder, Wasserpolizei, Feuerwehr, Freizeitkapitäne und zahlreiche andere, die in Gebet und Dank ihre Solidarität mit den sonst wenig beachteten Dienstleistern erweisen.

In Frankfurt am Main hat sich 1997 eine Nikolaus-Initiative gebildet, die die Nikolausgemeinden in Deutschland mit Literatur und Anregungen unterstützt. Dort wurde eine jährliche Schiffsprozession am 9. Mai neu begründet. Ihren Abschluß findet diese Prozession jeweils in der evangelischen Nikolaikirche in Frankfurt.

Bemerkenswertes Beispiel für die zahlreichen Nikolausfeiern in Gemeinden, Kindergärten und Grundschulen ist die Einholung des Heiligen am Nikolausvorabend in Hausdülmen im Münsterland. Nikolaus, in bischöflichem Ornat, begleitet von Knecht Ruprecht, kommt per Boot über den breiten Mühlenbach. Die Glocken läuten zu seinem Empfang. Die Organisation der weit mehr als 500 Geschenktüten, das Wassern und Einholen des Bootes, die Fackelbeleuchtung des Platzes und die Sicherheit der anderthalbtausend Teilnehmer, liegen in der Hand der freiwilligen Feuerwehr. In der Grundschule werden Lieder eingeübt. Die Frauen und Männer, die sich verantwortlich fühlen, sehen in der Feier eine andere Art der christlichen Verkündigung. Das Beispiel des Guten und die Realität des Bösen im Menschen werden anschaulich. Freude und Hoffnung, Nüchternheit und Ernst christlichen Glaubens werden unter den Anwesenden gegenwärtig, mit romantischem Glanz zwar, aber ohne mythologisches Abgleiten ins Unverbindliche. Die Glaubwürdigkeit der Feier lebt vom Engagement der gestandenen Feuerwehrleute, die zeigen, daß es nicht nur um Kinderunterhaltung geht.

Hier und in den Projekten anderer Städte und Kirchengemeinden wird deutlich, wieviel Anregung, Kraft und Hoffnung von diesem christlichen Glaubenszeugen ausgeht, wenn man ihn auch vielerorts nur noch im mythischen Echo wahrnimmt. Im Zeitalter der Medien hat das Echo eine neue Qualität angenommen, verstärkt von einem mächtigen Resonanzboden. Wer der Herkunft des Echos nachgeht, entdeckt Unerwartetes.

Französische Briefmarke von 1974: Nikolaus-Statue und Basilika von Saint-Nicolas-de-Port in Lothringen.

Nikolaus mit doppelten Attributen: den goldenen Kugeln und den drei Schülern im Faß. Venedig, 17. Jh.

Von Nikolaos *(griech.)* **abgeleitete Namensformen:**

Claas ❖ Clais ❖ Claisse ❖ Clauskin ❖ Cleis ❖ Clesse Cleys ❖ Cloes ❖ Cloex ❖ Close ❖ Cloussekin ❖ Cloussez Cloys ❖ Clugnet ❖ Col ❖ Cola ❖ Colai ❖ Colassin Colette ❖ Coletus ❖ Colienne ❖ Collar ❖ Collart ❖ Collay Collebar ❖ Collette ❖ Collignon ❖ Collin ❖ Collinet Collous ❖ Colohon ❖ Colot ❖ Colson ❖ Colsonet Klas ❖ Klaus ❖ Klogges ❖ Klos ❖ Klosmann ❖ Nicholas Nick ❖ Nickel ❖ Nicoette ❖ Nicolas ❖ Nicole ❖ Nicolon Nicot Nicze ❖ Niels ❖ Nietzsche ❖ Niki ❖ Nikita Niklas ❖ Nikola ❖ Nikolai ❖ Nikolaus Nils ❖ Nitschco Nixon ❖ Nykar

Daten einer fast verschollenen Person

Nikolausikone, russisch, 17. Jh.

Nikolaos, Bischof von Myra ist Lykier, geboren in Patara, was der Stolz der Myrer eingestehen muß. Er stammt aus der Stadt, die zwar mit Myra zum selben lykischen Bund gehört, als die andere große Hafenstadt des Landes aber zugleich in Wettbewerb und Konkurrenz zu Myra steht, wie bei uns heute die alten Hansestädte Bremen und Hamburg. Er macht Myras Namen unvergessen, wenn auch Bari die Stadt gern beerben möchte.

Mit Geld aus dem Erbe seiner Eltern bewahrt Nikolaos junge Frauen vor dem Zwang zur Prostitution, indem er für eine ausreichende Mitgift sorgt. Ort des Geschehens ist wohl noch Patara, die Nachbarschaft seines Elternhauses. Ob es drei Schwestern waren oder vier, wie eine Fassung der Legende will, oder nur eine, ist ungewiß. Eher waren es wohl nur zwei, wie eine sehr alte Fassung der Legende weiß, die zudem behauptet, er habe das Geld seinen Eltern gestohlen, was kundige Leute an eine spätere aber bekanntere Legende von Franziskus erinnern könnte.

Was Nikolaos nach Myra treibt, ist unbekannt. Jedenfalls ist er noch Laie, als man ihn dort zum Bischof wählt. Der christlichen Minderheit in Myra ist er bekannt, der Gemeinde, dem Klerus; wenn auch die Sache mit dem frühen Kirchenbesuch als fromme Überhöhung erscheint. Fraglich bleibt, ob es damals, vor dem Duldungserlaß Konstantins, in Myra schon ein eigenes Kirchengebäude gab.

In Myra tritt Nikolaos öffentlich kämpferisch für Hilflose und Entrechtete ein. Die Legende, die sehr genau die Örtlichkeiten der Stadt kennt und beschreibt, zeichnet ihn als temperamentvollen Streiter. Zugleich ist er der Mann, der fähig ist, diplomatisch zu vermitteln und am Ende Gnade vor Recht ergehen zu lassen.

Gelegentlich eines Aufstandes in Phrygien stationierter germanischer Söldner begegnet Nikolaos in Myra hohen Offizieren aus Konstantinopel. Ihre Namen stehen 336 und 338 in den Konsulatslisten. Was es auch mit den Träumen, von denen die Legende spricht, auf sich haben mag, der Bischof von Myra scheint einen nachhaltigen Eindruck hinterlassen zu haben.

Welchen historischen Hintergrund die Legende von den Getreideschiffen hat, ist nicht zu ermitteln. Vielleicht bezieht sie sich auf eine spätere Notsituation, die gelöst wurde, wie man meint, daß Nikolaos es getan hätte. Immerhin gibt die Erzählung ein zutreffendes Bild von Andriake. Im Sommer 325 reist Nikolaos, kaiserlicher Einladung folgend, nach Konstantinopel und in die Sommerresidenz des Kaisers, nach Nikaia, zur Reichsversammlung, dem später so genannten ersten allgemeinen Konzil. Es geht um die Einheit des christlichen Glaubens, die Arius in Frage gestellt hat. Nikolaos verteidigt seinen Glauben, Jesus sei mehr als bloß ein ausgezeichneter Prophet. Er redet und handelt, auch auf die Gefahr hin, sich in Schwierigkeiten zu bringen, mag er auch gegen Arius nicht gerade handgreiflich werden, wie die Legende erzählt, energisch jedenfalls.

Befreundet ist Nikolaos mit dem Bischof Theognis von Nikaia, der aber der Auffassung des Arius zuneigt. In

der Diskussion, in der Theognis nicht zu überzeugen ist, fallen harte Worte. Aber nach dem hitzigen Gespräch findet Nikolaos einen Weg der Versöhnung. Theognis gehört zu den Unterzeichnern des Glaubensbekenntnisses von Nikaia. „Lassen wir über unserem Zorn die Sonne nicht untergehen", mit diesem Bibelwort zitiert später Andreas von Kreta den Vermittler Nikolaos.

Daß die Konzilsdokumente über Nikolaos schweigen, mag auch daran liegen, daß er ebenso wie Theognis sich mit Athanasius von Alexandrien, dem großen, streitbaren Heiligen des rechten Glaubens, wenig gut versteht. Athanasius hält große Stücke auf den einflußreichen Statthalter Ablabios, einen Aufsteiger. Er ist mit ihm befreundet. Nikolaos durchschaut Ablabios als Betrüger, wie die Legende weiß. Antike Schriftsteller bestätigen ihn. Von Intriganten beeinflußt, verbannt Konstantin den Athanasius später nach Trier. In diesem sehen Kirchenhistoriker den entscheidenden Verteidiger des rechten Glaubens. Möglicherweise hat Nikolaos in Nikaia nicht weniger bewirkt als der damals jüngere Athanasius.

In allen Küstenorten Lykiens wird damals Artemis als Patronin der Seefahrer verehrt. Eine Inschrift des Opramoas von Rhodiapolis kennzeichnet ihren Tempel in Myra als den größten und prunkvollsten, wie auch die Legende von seiner Zerstörung durch Nikolaos berichtet. Den zupackenden Charakter des Nikolaos, der handelt, um Menschen zu sich selbst zu befreien, veranschaulicht das Bild vom eigenhändigen Abriß. Die Härte der Auseinandersetzungen spricht aus der Legende von der späten Rache der Artemis durch dämonisches Feuer.

Nikolausfenster von Egbert Lammers aus der Propsteikirche in Werl, 1963.

Altes Lied vom Nikolaus

Nikolauslied aus Hagen am Lenscheid im Sauerland

*1. Großer Bischof Nikolae, * wahres Wunder deiner Zeit, *
nunmehr Gottesthron so nahe
* in beglückter Ewigkeit! * Laß die Lieder dir
gefallen * so von unsern Lippen schallen, *
:,: auserwählter Schutzpatron! :,:*

2.

*Schweren Meersturm hast du allen * auf dem Schiff vorhergesagt, *
dein Gebet hat Gott getallen, * Wind und Meer zur Ruh' gejagt *
Drohet Gott mit Blitz und Schauer, * setzt er uns in Furcht und Trauer, *
:,: halt an uns Barmherzigkeit. :,:*

3.

*Reine Seelen zu bewahren * vor der Sünde Schand' und Sold, *
in der größten der Gefahren * spendest du der Liebe Gold. *
Sei auch uns'res Schiffleins Steuer, * schreck uns durch das Höllenfeuer; *
:,: daß wir bleiben keusch und rein. :,:*

4.

*Nikolae! Früh am Morgen. * Da noch alles liegt in Ruh', *
unbeirrt von Erdensorgen, * eilest du der Kirche zu. *
Da ließ Gott, der Herr, zu Myren * dich mit höchster Würde zieren *
:,: und gab dir den Bischofsstab. :,:*

5.

*Demut in der hohen Würde * schmückte dich mit mildem Schein, *
warst der Herd ein guter Hirte * hieltest sie vom Irrtum rein. *
Witwen, Waisen, armen Kindern * ihre Trübsal zu vermindern *
:,: sorgtest wie ein Vater du. :,:*

6.

*Zu Nizäa im Konzile * trat'st du gen Aurius auf, hemmtest mit des Geistes Fülle *
seines Irrtums frechen Lauf * Daß Gottsohn dem Vater gleiche, *
nicht an Macht und Größe weiche, *
:,: lehrtest mit den Vätern du. :,:*

7.

*Weil du wider Kaisers Willen * Christi Glauben hast gelehrt *
hat er, seine Wut zu stillen * mit Gefängnis dich beschwert. * Laß uns nie die
Wahrheit schwächen, * sondern stets mit Freiheit sprechen, *
:,: was der Glaube uns gebeut. :,:*

8.

*Engel kamen in dem Sterben * dir entgegen klar und rein, *
führten deinen Geist als Erben * zu des Himmels Freuden ein. *
Nikolae! Deine Hände * reiche mir am Lebensende, *
:,: führe mich zu Gott hinauf! :,:*